No money, no connections, no education
but you can succeed. How the weak win

Orita Yukitoshi
織田幸寿
GIRAFFE RESORT 代表取締役

弱者の勝ち方

金なし・コネなし・学歴なし
でも成功できます。

扶桑社

あなたは仕事で、
「失敗」したことがありますか？

恥ずかしい話ですが、
僕は社会人デビューに失敗し、
たった半年で勤め先を退職してしまいました。

ふたたび働き始めるとき、
「もう二度と失敗しない」と強く誓いました。
働くからには、絶対に成功したい。
子供の頃からの夢だった「社長になる！」と。

そうは言っても、当時の僕は、
まともに社会人にさえなれなかった人間です。
社会人としては圧倒的な「弱者」でした。
自分のダメさ加減もよくわかっています。

そこで、それまでの自分を大きく変えるため、
4つの「誓い」を立てました。
その誓いは今でもしっかり守っています。

当時、僕が立てた「誓い」とは、

①「仕事の仮面」を被ろう

②「仕事の仮面」で常に厳しくあろう

③「勝ち」にこだわろう

④プライドを捨てよう

の4つでした。

この誓いを胸に、ふたたび働きだした僕は、
19歳で、店長になり、
21歳で、エリアマネージャーになり、
27歳で、自分のお店を持ち、
29歳で、日本一のクラブのオーナーになることが
できました。
今も次なる大きな目標に向かって
必死に働いています。

今なら言えます。
「社会人デビューに失敗してよかった」と。
今ならこう言えます。
「自分を信じなくてよかった」と。
今なら大きな声でこう言えます。
「4つの誓いを守ってよかった」と。
間違いなく、こう言い切れます。
「弱者を経験できて、本当によかった」と。

この本のタイトル
「弱者の勝ち方」には、
ビジネスに一度くらい失敗した人でも、
いえ、何度失敗した人でも、
その経験を武器に再起してほしい。
そんな願いをこめています。

弱者にならないと見えない「未来」があります。
弱者にならないと変われない「人生」があります。
失敗は間違いなく人生の糧《かて》です。

幸い、ビジネスで失敗を経験していない方には、
この本で紹介した僕の仕事の仕方を読んで、
ビジネスに役立つヒントを
見つけてくださるとうれしいです。

自分を本気にさせる考え方、
リーダーシップのヒント、
組織を動かすコツ、
仕事の仕組み化の秘訣が
きっと役立つはずです。

弱者の勝ち方

織田幸寿

はじめに

2020年4月。

新型コロナウイルスで緊急事態宣言が出される中、僕は29歳で大阪ミナミにある日本一のクラブ『GIRAFFE JAPAN（ジラフ・ジャパン）』を手に入れた。そして今は『GIRAFFE RESORT（ジラフ・リゾート）』として生まれ変わったそのクラブの代表取締役を務めている。

ジラフでは、毎夜、様々なパーティが開かれ、国籍を問わず多くの若者が訪れ、それぞれの楽しみ方で熱い時間を過ごしている。この他にも、スナックとキャバクラを融合させた、いわゆる『スナキャバ』という店舗スタイルを考えだして、現在12店舗（2023年1月現在）を経営している。

もちろん、上を見ればきりがないが、事業を興して4年ということを考えれば、ある程度の成功と言えるのではないだろうか。

短期間で事業を急拡大させていることから、僕に莫大な資産があったり、強いコネがあったり、何か特別な才能があるのではないかと思う人もいるかもしれない。

だが、それはまったくの逆だ。僕はないない尽くしの状況から、今の状況までのし上がってきた。

いたって普通のサラリーマン家庭で育ったものの、ある時から父親が借金を重ねるようになり、両親は離婚。僕は中学2年から母1人に育てられた。母はパートを掛け持ちしていたが、2人の子供を育てるには十分な収入があるわけではなく、当然ながら暮らしは貧しかった。しかも、僕は中学2年の途中から学校に行かなくなり、家で勉強をしていたわけでもなかったので、当然行ける高校も限られていた。僕は地元にある、試験で名前さえ書けば入れるような高校に入った。そんな誰でも入れるような高校を卒業したのが最終学歴だ。


本書を手に取ってくれたあなたは「仕事のできる人」だろうか？

きっと「優秀なグループに属している」と思っているのではないだろうか？

あなたは自分の仕事ぶりに１００点をあげられる仕事ができているだろうか？

１００点の評価を受けているだろうか？

18歳の僕もないない尽くしの状況ながら「自分は優秀な人間だ」と信じていた。しかし、社会人デビューの結果は散々。まったくうまく行かず、半年で退職。その後は見事なくらいのニート生活。

ある出来事がきっかけで、ふたたび働きだそうとしたあの日の不安を今でも鮮明に覚えている。

社会人デビューに失敗した自分が、もう一度社会に出て成功できるんだろうか？　学歴もないし、半年しか社会人の経験がないのだ。僕は社会的に「完全な弱者」だった。

――そうか、俺は弱者なのか。じゃあ弱者が勝つにはどうすべきだろうか？

そう考えたことから僕の人生は動き出したのだ。

本気になって社会に出て働き、やはり本気で起業した3年目、日本一のクラブのオーナーになれたのだ。

成功したって言ったってクラブとスナキャバだろ？　と思うだろうか。

どちらも華やかな夜の商売だ。しかし、もともと僕はクラブで踊ったこともなければ、キャバクラを飲み歩いたこともない人間だった。

僕は経営者として「成功するため」にこの道を、この業種を選んだにすぎない。世の中に、ありとあらゆる職業がある中で、僕は弱者の自分でもこの世界でなら勝てると見越して、「水商売」に身を置いたのだ。

そこには「勝ち」に繋がる僕なりの考え方があり、勝つために取り組んだ様々な経験がある。

「金なし」「コネなし」「学歴なし」。

経営者としては完全な「弱者」だった僕だが、事業を興して4年で、ここまでの成功を手に入れることが出来た。事業はまだまだ成長しているし、もちろん、僕はもっと大きな成功を手にするつもりでいるから、これからの僕にもぜひ注目してほしいと思っている。

この本では、完全な弱者だった僕が、「勝つ」ために取り入れた様々な手法を余すところなく紹介している。それは、成功したいという思いさえあれば、誰でも真似のできることばかりだ。

つまり、ビジネス書を手にして学ぼうとするあなたのような読者なら、必ず同じように、いや、僕なんかよりもっと成功できるはずだ。

もし、自分の境遇を嘆いて身動きが取れなくなっている人がいるなら、この本を読んで、まず動いてみることをおすすめする。それが、弱者が勝つための第一歩だ。

2023年2月

GIRAFFE RESORT《ジラフ・リゾート》 代表取締役 織田幸寿《おりたゆきとし》

1勝目

最終学歴は「底辺」男子校

4勝目 再就職先は朝キャバ

5勝目 19歳の店長誕生！

6勝目 起業のきっかけは「クビ」だった！

7勝目 スナキャバの発明

8勝目

チェーン展開スタート

9
勝目

コロナ直撃

9勝目からの『弱者の勝ち方』 214

10
勝目

目指せ！ 水商売初のFC展開

11勝目 憧れのジラフを手に入れる

特別授業

社長を目指すあなたのために

ブックデザイン……bookwall
DTP……アイハブ
校閲……小川純子

1 勝目

最終学歴は「底辺」男子校

入学したのはヤンキー高校

「熱ッ！」

僕の高校生活は、背中から首筋にかけての猛烈な熱さと、髪の毛の焦げる臭いから始まった。

入学式当日、クラスの1人が整髪料のスプレーにライターで火を付けた即席の火炎放射器で、僕の背中を炙《あぶ》ったのだ。突然、そんなことをされて、黙っている僕ではない。

「何しとんねん！」

相手をにらみつけると、そいつは嬉しそうににらみ返してきた。

「何や？　やるんかい」

見れば、学校中のいたるところで同じようなやりとりが繰り広げられていた。

――この中で誰が強いのか？

――舐められてたまるか！

いわば、これからの高校生活をどう有意義に過ごすかを決めるためのマウント合戦だ。

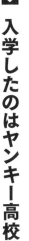

僕が入学したのは、そんなわかりやすいヤンキー高校だった。

人気漫画『クローズ』をそのまま現実にしたような学校で、実際、周辺の高校からは〝リアルクローズ〟と呼ばれていた。

近所の大人に学校名を告げれば、大抵、眉間に皺を寄せて、

「ああ、あの学校ね……」

とため息混じりに言われてしまう、そんな学校だった。


自分の名前さえ書ければ合格出来る。

そう言われて受験し、集まってきた生徒たちはほとんど、いや、ほぼ全員が勉強なんて大嫌い。

親から「高校くらいは卒業しておけ」と言われて仕方なく高校に入学したのだ。当然授業はおもしろくない。

学校に行くのは仲間とつるむため。そう考えて学校に通う奴がほとんどだが、男子校だったのでその仲間も当然全員男子だ。共学校にあるような淡い青春なんてものはない。

だから途中で脱落する生徒も多かった。実際、僕の学年も1年の時は6クラスだったのに、卒業する頃には半分の3クラスに減っていた。

どうして僕はそんなヤンキーだらけの底辺高校に行くことになってしまったのか。

ここから少し幼少期の話をしたいと思う。

家族の思い出はゲーセン

僕が生まれたのは京都府宇治市。宇治市と聞いて多くの人が思い浮かべるように、家のある住宅街を少し外れると、辺り一面が茶畑という田園風景が広がっている。一番近いコンビニまで歩いて30分以上という宇治市の中でも辺鄙な地域だ。

僕はそんな街で、両親と3歳年下の妹と家族4人で暮らしていた。

家族仲はとても良かったと思う。

父親は休みの日になると、必ず家族を連れて遊びに出かけてくれた。家族旅行のように家族揃《そろ》って遠出することはほとんどなかったが、いつも近場で手軽に遊べる場所に家族揃って出かけて過ごしていた。

そんな中で、僕の記憶に鮮明に残っているのがゲームセンターだ。

世の中にはいろいろな家族があって、子供がゲームセンターに出入りすることを嫌がったり、禁じたりする家もあると思う。ところが、我が家ではそんなことは一切なかったのだ。

それどころか、父親が率先してゲームセンターに連れて行ってくれた。我が家の一家団らんの場といえばゲームセンターだったのだ。


中でも、僕はメダルゲームが大好きだった。父親もメダルゲームが好きで、いろんなメダルゲームの遊び方を教えてくれた。

家族みんなでメダルを増やすことを目標に、いろんなゲームに挑戦し、メダルが増えたり減ったりすることに一喜一憂したのだ。楽しくて、とても興奮したことを覚えている。

今思えば、このときのメダルゲームでの体験がお金を増やす喜びや楽しみを知る僕の原体験だったのかもしれない。

父親が連れて行ってくれたのは近場のゲームセンターばかりだったけど、父親なりに家族と一緒に過ごす時間を大切にしてくれていたのだろうと思う。

そして僕は、そんな父親が大好きだった。

中学2年で引きこもりの不登校に

両親の離婚を知ったのは中学2年の時だった。

ある日、母親から「話がある」と言われて、目の前に座らされた。そこで、「離婚することになった」と聞かされたのだ。

理由は父親の借金が増えすぎたことだという。

サラリーマンだった父親はいつの頃からか自分で事業を始め、その仕事を回すためにあちこちから借金をしていたらしい。僕は今も、父親の仕事がどんなものだったのか詳しく知らないが、当時、忙しそうにしていたことは覚えている。

借金を減らせる目途も立たず、このままでは家族に迷惑がかかると考えての離婚だった。

理由が理由のため、当然僕と妹は母親についていくことになった。それは父親が大好きだった僕にとってとてもショックな出来事だった。

僕は両親が離婚したことがショックで学校に行けなくなった。と書いたものの、それは表向きな理由だったと思う。

僕が学校に行かなくなった本当の理由は、ただ行きたくなかったからだ。小学校の頃は学校も勉強も楽しく、当たり前のように学校に通っていたのだが、中学に入ってからは学校に行くこともおもしろくないし、できるなら勉強もしたくなかった。

そんなところに両親の離婚という、中学生の子供にとっては人生を変えるような大きな出来事があったことで、僕は学校に行かなくてもいい理由をもらえた気がしたのだ。

この理由なら、大人たちも不登校に納得して、口うるさく叱られることもないだろうというずる賢い計算だ。

その計算は正しかったようで、親も学校も「しばらく様子を見よう」ということになり、僕は安住の地を得たように引きこもりになった。

それまでの僕は、そんなに一所懸命勉強をしなくても、いつもいい成績を収めていた。小学校の成績も良かったし、中学生になってから受けた模試でも、国語の1教科だけだが京都府で5位になったこともある。

そんなこともあって、不登校になって勉強をまったくしなくなっても、僕は成績がそれほど悪くなるとは考えていなかった。しかし、中学2年頃からは、すべての教科の勉強が一気に難しくなるようで、少しずつ学校に顔を出すようになった時には、勉強にまったくついて行けなくなっていた。自業自得だ。

でも、僕はそれで焦りもしなければ、悲観もしなかった。すでに学歴がモノを言う時代ではなくなっていたので、いい高校やいい大学に行けなくても、きっと何とかなると思っていたのだ。自分が本気を出せばいつでも取り返せると……。

そして僕は、本気を出さないまま高校受験のシーズンを迎えた。

しかし、そのときの成績では合格出来る高校は皆無だった。教師のすすめもあり、地元で名前さえ書ければ合格出来るといわれるような、誰でも入れる高校を受験した。いくら勉強しなかったといっても、さすがに名前くらいは書ける。入試では答案用紙にしっかりと名前を書き、僕は見事、その底辺校に合格した。

自分の立ち位置を見極める

そうやって入学した高校は周辺の中学校のケンカ自慢が集まるような学校だった。そんな学校だから、校内でのヒエラルキーはだいたいがケンカの強さで決まってしまう。

身体もそれほど大きくなく、ケンカが得意なわけでもない僕がフィジカルで勝負したとしても、ヒエラルキーの最下層に身を置くことになるのは目に見えていた。せっかく不登校を脱して、高校に通うのだから、できれば楽しい高校生活を送りたい。そのためには、少しでも上の階層に身を置く必要があった。

僕は入学式前からそんなことばかり考えていたのだが、ある時、それを見越したように母が言った。

「あんたは口で勝て」

どうせろくにケンカもできないだろうが、昔から口だけは達者な子供だったから、口でなら周りの生徒に勝てるはずだと言うのだ。

自分自身、口が達者な子供だったという認識はまったくなかったが、勝てないケンカをするよりは「口で勝つ」ことを意識した方が勝負にはなるような気がした。

高校に入った僕は、自分はほとんどケンカはしないのに、いや、どちらかといえばケンカは苦手なのに、ケンカでのし上がっていくような人間たちに積極的に関わった。もちろん、そういった人間を遠ざけて高校生活を送ることもできたと思う。

しかし、僕にはどこかずるいところがあって、ヒエラルキーの高い人間をそばに置くことで、自分の位置も高く見えるようにしようと考えたのだ。そのために僕はケンカの強いグループと積極的に関わって仲間になった。悪い言い方をすれば、自分が得をするために友達を選び、その友達を利用したということになる。

自分で言いたくはないが、ジャイアンの横にいるスネ夫と言えばわかりやすいだろう。スネ夫よりは上手に立ち回っていたとは思うが……。

ケンカ自慢たちの中で、「口で勝つ」ことを意識した僕が、自分のポジションを確保するために積極的にやったのが「ケンカの仲裁」だった。

「なんでこんなことになったん？」

双方から話を聞き、どちらがなぜ悪いのかを理詰めで話して聞かせるのだ。

「お前が悪いんやから、お前が謝り」

そんなふうに若干、上から目線でケンカを仲裁することで、ケンカをしている人間よりも自分の立場を上に置いたのだ。

ケンカの多い学校だったこともあり、僕はかなりの数のケンカを仲裁した。そうするうちに、周りから「織田《おりた》は頭がいい」「織田は頼りになる」と思われるようになり、様々な場面で、相談されたり、僕の意見が尊重されるようになっていった。


こうして書くと、本当にずるい嫌な奴に見えてしまうので、少し言い訳をさせてもらうと、僕のこの行動は、自分が生きていくためだったのだということをわかってもらいたい。このような友達との付き合い方をしなければ、僕は自分の居場所を失い、高校にも途中で行かなくなっていたかもしれない。


今振り返ってみれば、この頃僕が取っていた行動はあながち間違ってはいなかったと思う。

仕事をする上で、誰にでも苦手な上司や同僚がいるだろう。そんな苦手な相手に対して、あなたはどのように接しているだろうか？

なるべく関わらないように逃げて回ったり、最低限の付き合いだけに留めているという人も多いのではないかと思う。

僕は、**苦手な人間にこそ積極的に関わるべき**だと思っている。

仕事をする上で、関わりを減らしたり、逃げて回ったりしなくてはならない相手がいるなど無駄でしかない。その無駄をなくすためには、苦手を苦手でなくするしかないのだ。そのためには苦手だと思う人間に積極的に関わり、その人を知り、自分を知ってもらうことが、良い人間関係を築き、苦手意識をなくすための一番の方法だと思っている。

何の武器も持たない「弱者」には、1人でも多くの味方が必要なのだ。味方を自分の武器にするために、苦手な上司や同僚にも自分からどんどん近づいていくことをおすすめする。

そして、母からの「口で勝て」という教えもあったのだが、自分の立ち位置を見極めて、**自分の得意なもの、自分の勝てる方法で勝つ**というのも、ビジネスに役立つ大事な考え方だと思う。

負ける可能性の高い勝負を挑むのはリスクが高すぎる。それなら、自分が負けない場所を探し、そこで勝負に打って出る方が、成功する可能性はずっと高くなるはずだ。

自分が何も持たない「弱者」なら、人より優れているものを見つけることは大変かもしれない。でも99負けていたとしても、1つでも勝てるものがあれば、それで勝負をすればいいのだ。しかも、武器となるものはそのときに自分が置かれている状況によっても変わるのだから、とにかく一度、自分の立ち位置を見極めることをしてもらいたい。

アフィリエイトで月20万円稼ぐ高校生

仲間もできて高校生活がそれなりに楽しくなってくると、お金が必要になってきた。友達と一緒に飲み食いもすれば、遊びに行くときに着る服やブランドものの小物など、欲しいものも増えてきたのだ。とにかく自分のために使えるお金が欲しかった。

そんなもののために、母親を頼ることなどできない。

母はずっとゴルフ場で働いていたが、離婚して以降は夜に水商売もしていた。それこそ寝る間も惜しんで働いていたのだ。

自分で稼ぐしかないと考えた僕は、アルバイトを始めることにした。

最初に始めたのは母が働いているゴルフ場のキャディだった。しかし、これがまったく面白くなかった。

ゴルフのことが全然わからないので、目の前の人たちが何をしているのかも、自分が何を要求されているのかもよくわからない。ゴルフを楽しむおじさんたちと何を話していいのかもわからない。それなのに、おじさんたちから「邪魔だな」と思われていることだけははっきりわかるのだ。

お金を稼ぐのに面白さなんて必要ないと言う人もいるだろうが、初めてアルバイトをする16歳には、ある程度の面白さがないと続けられないものだと思う。

結局、僕はキャディのアルバイトを2週間で辞めた。

次に始めたのはマクドナルドの調理担当だった。これも特に面白いわけではなかったが、システムがしっかり構築されていて何も考えずに働くことができた。しかし、ある時にバンズにつける調味料を間違えたことで店長に叱られ、ふて腐れた僕はそのままアルバイトを辞めてしまったのだ。2ヶ月ももたなかった。

他に居酒屋でも働いたのだが1ヶ月以上は続かなかった。

アルバイトは何をしてもうまくいかなかった。それでもお金が欲しい僕はなんとかしてお金を稼ぐ方法はないかと考えた。

そんなとき、思い浮かんだのがブログを使ったアフィリエイトだった。当時、アフィリエイトが稼げるといろいろなメディアで取り上げられていたのだ。

僕はパソコンを扱うことには自信があった。中学2年で引きこもりになったとき、他に遊ぶもののなかった僕はそれこそ一日中パソコンをいじっていたからだ。独学でホームページを作成することもできた。

ネットでいろいろ調べながら、アフィリエイトのブログを作ってみたら、その広告収入が順調に伸び、気がつけば月に20万円ほどがコンスタントに入ってくるようになっていた。

高校生にとっての20万円はかなりデカい。僕はそれでルイ・ヴィトンの財布を買い、好きな服を買い漁った。

服だけがどんどん豪華になっていく僕に、何も知らない母は、

「あんた、なんか悪いことやってんちゃうやろな」

と厳しい疑いの目を向けてきたが……。

高校時代はずっと、それで稼ぎ続けていた。それでも僕は、高校卒業後もアフィリエイトを続けていこうとは思わなかった。高校生にとっては大きな金額が稼げてはい

たが、仕事とすると、その金額が大きなものだとは思えなかったからだ。アフィリエイトで食っていくのは無理だと判断したのだ。

そのときの僕は、ただ漠然と自分の仕事にするなら、もっと大きなものがいいと思っていた。

座禅の授業

家ではアフィリエイトに時間を費やしていた高校時代、学校での僕は座禅にのめり込んでいた。多くの人は座禅と聞いて驚くだろう。僕の高校には、なんと座禅の授業があったのだ。それも毎日1時間みっちりと……。

座禅の授業を担当していたのは、週3回、授業で少林寺拳法を教える僕の担任。学校には広い座禅室が用意されていて、1学年がまとまって授業を受ける。

座禅室に入るところで靴を脱ぐのだが、そこには「脚下照顧《きゃっかしょうこ》」という言葉が掲げられている。足もとに注意せよ。真理を外にではなく、自己自身の内に求めよ、という意味だ。まずはそこで脱いだ靴をしっかり揃えて、自分自身を見つめなさいということなのだが、そこは底辺のヤンキー校。最初からそんなものに従う生徒はいなかった。それを先生が一人一人腕力にものを言わせて従わせていくのである。

はじめに10分ほどの説法があるのだが、僕にはそれが面白かった。主に中国古典の哲学的な話で、ちょっとスピリチュアルな面もあり、人間の脳に秘められた能力を開発してくれそうな気がしたのだ。

本気で悟りを開こうと、僕は真面目に座禅に取り組んだ。

先生が座禅の授業のために読んでいる中国古典の本にも興味が出て、次々と借りては読破していった。仏教や道教の考え方、老荘思想や孔子などだ。

中でも大小、善悪、賢愚、生死などすべての差別にとらわれずに自由に生活を楽しむべきであると説いた『荘子』は僕の生き方に大きな影響を与えてくれたと思っている。

そのとき取り組んだ座禅と読書は僕の人生の幅を広げてくれたように思う。

座禅の先生から言われた言葉で、よく覚えている言葉がある。

「お前がどう思うかじゃないねん」

これは僕が今も部下や従業員に何度も使っている言葉だ。

授業中、居眠りをしていた僕は、先生に頭を思い切り叩かれた。居眠りを指摘され

た僕はイラッとして、

「寝てへんわ！」

と食ってかかったのだ。

そのとき先生が言ったのが、先ほどの言葉だ。

「社会に出てから大事なことをひとつ教えておいてやる。お前がどう思ってるかじゃなくて、周りからどう見えるかや。お前の内心なんてどうでもいいんじゃ」

先生はそう言うと、僕に向かって思い切り「わかったか！」と大声で怒鳴って続けた。

「今、俺が怒ってないでって言っても、嘘つけ！　怒ってるやんってなるやろ？」

この言葉が僕にはすごく腑に落ちた。

僕が寝ていなかったのだとしても、先生から寝ているように見えれば、先生は注意する。逆を言えば、たとえ熟睡していたとしても、先生から寝ているように見えなければ、先生が僕を注意することはないのだ。


自分がどう思うかではなく、周りからどう見えるか。


これは、仕事をする上では、とても重要な視点だと思う。

特に成果が形で残りにくい仕事の場合、本人がどんなに一所懸命に仕事をしていたとしても、周りからそう見えなければ、それは仕事をしていないのと同じなのだ。

モデルの仕事がわかりやすいかもしれない。

カメラマンから笑うように指示を出されているのに、まったく笑わないモデルがいれば、

「何してるの？　ちゃんと笑ってよ」

と言われるだろう。そのとき、

「え？　私、笑ってますけど」

と言っても意味がないのだ。本人がどれだけ笑っているつもりでも、カメラマンから笑っているように見えなければ、それは笑っていないことと同じなのだ。

これは店舗スタッフなどによく見られる現象だ。お客様へのお声かけをどれだけたくさんしていても、それが周りのスタッフや他のお客様に見えていなければ、その仕事は評価されない。それよりも、内心は「面倒臭い」「サボりたい」と思っていたとしても、周りから元気よくお客様へのお声かけをしているように見えれば、それが評価されるのだ。

だからこそ、どうせ働くのであれば、自分がどう思っているかではなく、周りからてきぱきと仕事をしているように見えるようにしなければならないのだ。

ちなみにこの先生は、僕にずっと「お前は大物になるよ」と言ってくれていた人だ。僕はその言葉がとても嬉しく、先生のその信頼に応えたいとずっと思っていた。社会人になってから先生と会うことはないが、いつか成長した自分の姿を見せることができる日が来ることを祈っている。

「普通の会社員」になる気はなかった

高校3年になると、同級生たちが少しずつ就職活動を始めるようになった。それまでこだわっていたロン毛を短く切りそろえ、茶髪を黒髪に戻したのだ。

そんな同級生たちを見ても、僕は就職活動を始めようとは思わなかった。むしろ、そんな同級生たちを格好悪いとさえ思っていた。あれだけイキがってきたのに、どうしてそんなに突然従順になれるのだろうと……。

夏の終わりごろになると、就職先の決まる同級生がちらほら現われた。スーパーや食品会社など、地元の小さな企業が多かったように思う。彼らから内定をもらったという話を聞いた僕は、

「おめでとう。やったやん」

と祝いの言葉を伝えたが内心では、

「そんな仕事でおもろいんかな?」

と疑問を持っていた。

当時は楽しみながら金を稼ぐYouTuberや破天荒で自由奔放なＩＴ社長たちが注目されていたこともあり、自分にはもっと幅広い未来があるような気がしていたのだ。


僕には普通に高校や大学を出て一般企業で就職する人に対して、「貧乏な人」というイメージがあった。誤解してほしくはないのだが、サラリーマンがみんな貧乏だと言っているわけではない。世の中には同じような学校を出て同じような仕事をしている人がたくさんいるのに、その中に入っていくということが、自分から貧乏くじを引きに行っているように見えたということだ。

競合が多すぎて、その中ではなかなか一番になれないだろう。

普通に考えて、その中で勝ち残ることができるのは東大や京大を出ているような一部の優秀な人たちだろう。そういう人たちは子供の頃から優秀な上、努力を積み重ねて東大や京大を卒業しているのだ。

当時も学歴がモノを言う時代ではなくなったと言われていたが、それでも、一般企業に就職すれば、多かれ少なかれ学歴によって差が付けられることは目に見えている。中学時代に引きこもりになって、名前を書けば合格出来るような底辺校を卒業した僕は完全に出遅れている。いや、何周も遅れている。

そんな僕が同じレースに参加して勝てるわけがない。**どうせ勝負に出るのなら、勝てる勝負の方がいい。**だから、当時の僕は周りがしているような就職活動は一切せずに、

——自分が勝てる場所はどこだろう？

ということばかりを考えた。

そんな場所を見つけて本気を出せば、その場所で絶対に一番になれると信じていたのだ。

社長になる人がしていること

この本を読んでいるあなたは、少なからず今よりは出世をしたい、稼ぎたいと思っていることだと思う。では、社長、つまり経営者になりたいとは思っているだろうか？

漠然と、

「いつか社長になれたらいいな」

「なりゆきでなれるなら社長になりたい」

そんなふうに思っている人も多いかもしれない。

だが、世の中の社長はそんな考えで社長になっていないはずだ。


世の中の多くの社長が早いうちからしていることは「社長になる」という宣言ではないだろうか。若いうちから「社長になりたい」という夢を見て、「いつか経営者になる」と周囲の人間に言いながら、その糧として日々の仕事に励み、経営者になったのだ。

親の跡を継ぐ形で社長になる人は、早いうちから社長になることを覚悟しているし、本人にその気がなくても、周りから「将来は社長だ」と言われて育っているため、心のどこかには「社長になる」という意識がある。仕事の上でも、その意識を持った上での言動が多くなるため、社長になるように自然と育てられていく。

宣言し、意識していくことが経営者への近道というわけだ。


小学5年のとき、僕は学校の七夕飾りの短冊に「社長になる」と書いた。クラスのみんなに「将来は社長になる」ということを宣言したのだ。

そのために、会話の流れで将来の仕事の話になれば、なんとなくその短冊のことを思い出すし、僕が社長にならなかったらあの頃の同級生にどう思われるだろうかなんてことも考えてしまう。

それによって僕は、

「どうしたら社長になれるのか?」

ということをよく考えるようになった。

よく考えるようになると、いろいろなところからヒントをもらおうとしたり、どこかにアイデアはないだろうかと情報を探そうとするようになる。考えることで、具体的なイメージが持てるようになってくるのだ。

これはすべて、僕が小学5年のときに「社長になる」と宣言したことから始まっている。もしあのとき、短冊に「社長になる」と書いていなければ、今とは違った人生になっていたかもしれない。

もし、**あなたが「社長になりたい」と思っているのなら、いますぐ宣言することをおすすめする。**

1 勝目からの『弱者の勝ち方』

『苦手な人間にこそ積極的に関わる』

積極的に関われば苦手は克服できる。勝つために一人でも多くの味方を手に入れよう。

『勝負をするなら自分の勝てる場所で』

リスクを取らず、自分が得意なもの・自分が勝てるもので勝負をしよう。

『自分がどう思うかではなく、周りからどう見えるか』

自分が一所懸命でも、そう見えなければ評価はされない。ポーズだって大事なのだ。

『なりたいものがあるなら宣言しよう』

宣言することで覚悟と意識が芽生える。それが自分がなりたいものに近づけてくれる。

2勝目

高卒で入社したのは
「ホストクラブ」

高校を卒業して就職したのはホストクラブ

高校を卒業した僕が就職先として選んだのは、京都の祇園にあるホストクラブだった。次々と就職先を決める仲間たちと違い、僕は高校卒業の間近になっても、どこで働くかを決めていなかった。友人たちのように小さな企業に勤めることにまったく心が躍らず、何か面白いことがないかと情報収集をしていた。

そんなときに、雑誌で見つけたのが、年に1億円以上を稼ぐというホストたちの特集だったのだ。

「これだ！」

僕はホストクラブで働くことを決めた。

よさそうな店を探し、高校卒業前に電話をかけ、卒業と同時に働かせてほしいと伝えた。その店には寮が完備されており、「何も持たずにすぐ来てくれても構わない」という返事がもらえた。僕は高校卒業後の進路をこの電話一本で決めたのだ。

高校卒業後、言われたとおり僕は身一つで家を出て、祇園にあるホストクラブの寮に転がり込んだ。履歴書すら持っていかなかった。

そのホストクラブは地域で一番の店でもなければ、年収が1億円を超えるようなホストも在籍していなかった。

僕に約束されたのは、最低保障の日給5000円だけ。これに売り上げの歩合がついて、日払いで支給される。寮に入っているホストはここから寮の家賃も引かれた。

僕がホストクラブで働き始めたのは、女性にモテてお金持ちになれそうという下心もないわけではなかったが、

——僕が勝てる場所はどこだろう?

と真剣に考えた結果、ホストクラブなどの水商売なら十分戦っていけて、さらには勝ち残ることもできるという勝算があったからだった。

水商売を選んだ理由

僕が水商売を仕事に選んだ理由、それは水商売なら「勝てる」と踏んだからだ。

どうして勝てると思ったのか。

その理由の1つ目は、水商売の世界には「年功序列」がないということだ。もちろん店によっては年功序列を強いる場合もあるだろう。しかし、僕の調べた限り多くの店が実力主義で、売り上げの多い者が上に立つというルールで成り立っていた。特にキャバクラ嬢やホストはそれが顕著だった。

ということは、売り上げさえ上げれば入りたての新人でもトップに立つことができるというわけだ。

どうせ始めるなら、その仕事で少しでも早くトップに立ちたいと思っていた僕にとって、自分の年齢やキャリアが上がっていくのを待たなければならない年功序列のシステムは邪魔でしかない。

2つ目の理由は、勉強をしていない人が多いということ。

これは学歴のことではない。「仕事に対しての勉強」だ。自分の仕事を有利に進め、収入を増やすために学ぶことをしない人が水商売には多いのだ。

水商売に身を置く人には、そもそも勉強が苦手だったり、学ぶことが習慣付いていない人が多いからだろう。

勉強をする人が少ないのであれば、自分がその仕事に関して勉強をすれば、すぐに追いつき、追い越すことができるに違いない。さらに、その人たちにはない考え方やノウハウを身につけることで、その世界のトップに立つことができるのではないかと考えたのだ。

中でも、ホストという仕事は自分に向いていると思っていた。顔だってそこそこイケていると自分では思っていたし、高校時代、口で勝ってきたという自負があるからトーク力にも自信があった。世間知らずの18歳は怖いものなしだ。

僕は少しでも早く店のトップに立つために、入店するホストクラブを選ぶのにも自分が勝てる場所を探した。実は数あるホストクラブのホームページを入念にチェックして、ホストの顔面偏差値が一番低い店を選び、入店させてほしいと電話をしたのだった。ライバルの質は低い方がいい。

そのときの僕は、そんな店でなら、いち早くトップに立てると考えていた。

そして僕は、自信満々のまま店に立った。

その店には、僕がホストを始めるきっかけになった雑誌で紹介されていたような年収1億円超えのホストはおらず、ナンバー1のホストでも月収が100万円くらいだった。

その程度ならすぐに超えられる。超えてみせると思っていた。

しかし、僕はすぐに自分が思い上がっていただけの身の程知らずだったと思い知らされるのだった。

ホストクラブでの大苦戦

ホストクラブで働き始めて1ヶ月。

僕の売り上げは0円だった……。

僕には2つの大きな誤算があった。

1つ目は、在籍しているホストの顔がそれほど良くないにもかかわらず成立している店は、ホストたちのトーク力が他の店と比べて抜群に高いということだ。

トーク力に関しては僕も自信があったのだが、ホストとして働き始めて、お客様の相手をして、初めて自分のトークには大きな欠点があることに気がついた。

女の子とうまく話をすることができないのだ。

中学にあまり通わなかった僕がトーク力を磨いたのは高校時代だ。しかもその高校は男子校だ。僕が話をするのは教師も生徒も男だけ。店に遊びに来た女の子を前にすると、緊張して、何を話したらいいのかわからなくなってしまうのだ。女子受けする話題がなんなのかさえわからない。

ホストとしては致命的だ。我ながら、これでよくホストクラブで働こうなどと思ったものだと呆れてしまう。

井の中の蛙。僕が自信を持っていたトークは結局、高校生男子を相手にしか通用しなかったというわけだ。

それに比べて売り上げを上げているホストたちは、上手に女の子たちを盛り上げていた。


2つ目の誤算は、自分ではそこそこイケていると思っていた顔が、実際は「そうでもないぞ」ということに気付いてしまったことだ。

この勘違いも、やはり女子からの客観的な視線がない男子校に身を置いていたことが原因だったのかもしれない。そもそも男が思うイケメンと、女が思うイケメンは共通していない。

別に誰かから「あなた、自分が思ってるほどイケメンじゃないよ」と言われたわけではない。

ただ、店の中にはホストの顔写真が飾られるし、ホームページにだって自分の写真が並ぶ。そうなれば、顔で人気のホストと自分の顔を比べるようになり、必然と自分の顔のレベルを知ることになってしまう。

僕の顔は、良くも悪くも普通だったのだ……。

水商売の中でもホストこそ天職だと思って始めたのだが、その自信の源となっていた「口」と「顔」に疑念が生じ、僕のホスト生活は、始めて一ヶ月ほどで揺らぎ始めていた。

ホストクラブでの足掻き

何かを変えなくてはいけないと思った。

変えるなら、目に見えるところから変えなくてはいけない。

それは、高校時代に座禅の先生から言われた言葉が忘れられなかったからだ。

「お前がどう思ってるかじゃなくて、周りからどう見えるかや」

自分がどんなにつまらなくても、周りからは楽しそうに見えなくてはならないし、どんなに面白くなくても、心から面白がっているように見えなくてはいけないのだ。

僕は、どんなときもオーバーリアクションをするように心がけた。お客様の話に大きな声を出して驚き、大きな音を出して拍手をし、腹を抱えて笑った。

それはその店のナンバー1のホストがやっていることだった。**一番売れている人がやっていることを信じて真似をした**のだ。

感情を表に出すことが得意ではない僕にとってはかなり抵抗のあることだったが、それは**自分の感情には関係のない、仕事のための演技、ユニフォーム**なのだと自分に言い聞かせ、毎日、オーバーリアクションでお客様の相手をした。

新規のお客様を獲得するための営業にも力を入れた。

他のホストたちは、街へ繰り出し、歩いている女性にひたすら声をかけるキャッチに出ていたが、僕はそれをしなかった。

僕が力を入れたのは、当時流行っていたSNS『ｍｉｘｉ』だった。

自分のプロフィールをしっかり作り込んで、たくさんの女性と知り合った。その中から、仲良くなった人に僕に会いに来てくれるよう、自分の店に誘ったのだ。

多くがホストクラブに遊びに来たことがないような人だった。僕は彼女たちをホストクラブデビューさせ、ホストと遊ぶことの楽しさを知ってもらった。

彼女たちの中には、ホストクラブの楽しさを知り、その後も店に通う常連となった人もいたが、僕を続けて指名してくれる人は少なかった。ホストとの遊び方を知った彼女たちは、もっと魅力的なホストに流れていったのだ。

僕の懸命な営業は、僕ではなく他のホストの売り上げを増やすことに繋がったのだ。

しばらくすると、女の子と話すのにも緊張しなくなり、それなりにトーク術を磨くこともできたおかげで、僕も月に50万円くらいは稼げるようになっていた。

それでも結局、僕はホストクラブを半年で辞めた。思うように売り上げを伸ばすことができず、やる気を持続させることができなかったからだ。

失敗した社会人デビュー

このように、僕の社会人デビューは失敗に終わった。

いや、惨敗だった……。

失敗の原因は当時からわかっていた。

努力不足だ。

それでも当時は、

「初めて飛び込んだ世界で何も知らないから、努力のしようもなかった」

と自分の努力不足を仕方のないものだったと正当化しようとしていたのだが、今なら断言できる。自分で知ろうともしなかったのだから、ただの言い訳にすぎない。

自分で「勉強すれば勝てる」と見越して飛び込んだ世界だったのに、その勉強に本気で取り組まなかったのだ。

ホストの世界を甘く見たままホストを始め、自分で思い描いたようにうまくいかなくても、それを自分に原因があるとは考えられなかった。

初めて実家を出て、仕事を始め、恋人もできた。そんな生活の変化に、浮かれていたのかもしれない。

年功序列ではない実力主義の世界。必死に勉強すれば、勝ち残ることができたかもしれない。結局、僕は「やるか」「やらないか」の局面で、「やる」ことを選び、その努力をすることができなかったのだ。

それから僕は、中学2年の時に不登校になったように、何もやる気が起きず、仕事をしないという道を選んだのだった。

2 勝目からの『弱者の勝ち方』

『勝者の真似をする』

自分が勝つための近道は勝っている人の真似をすること。とことん真似しよう。

『仕事のためには演技も必要』

仕事のために取り組むことが必要なのに感情が邪魔するときは、役者になったつもりで演技しよう。

『「やらない」よりは「やる」決断を』

勝者はみんな「やる」ことを選んでいる。行動を起こしたものだけが勝利する。

3勝目

僕を本気にさせたもの

ニート生活の始まり

祇園でホストをしていた頃、僕には恋人がいた。もともとは客にしようと思って街で声をかけた、キャバクラで働く女の子だった。ところが妙に馬が合い、いろいろな話をするうち、店の外でも会うようになったのだ。祇園に出てきたばかりの頃で、少し寂しく、話し相手が欲しかった僕に、彼女の明るい性格がぴったりとマッチした。

店が借りている汚い寮を早く出たかった僕は、彼女と付き合うようになってすぐ、彼女の部屋に転がり込んだ。結局、寮には2ヶ月しかいなかった。

彼女はとても面倒見がよく、僕を甘やかしてくれた。それと、僕がホストへのやる気を失ったことが重なったのがいけなかった。彼女はキャバクラで売り上げをしっかりと上げていたこともあり、僕は「働く必要がない」と思ってしまったのだ。

半年ほどでホストを辞めた僕は、そこから次の仕事を探すことすらしなかった。かといって専業主夫のように家のことの一切を彼女に代わってやるというわけでもない。ただ彼女の家にいて、寝たいときに寝て、食べたいときに食べてという、本当に何もしない生活だ。完全に彼女に食わせてもらうヒモとなったのだ。今風に言えば、ニートだろう。

そして僕は、そんな生活をまったく悪いと思っていなかった。そうしたい僕がいて、それでもいいという彼女がいてくれるのだから、何の問題もない。

僕は、その生活をいつまでも続けていける自信さえあった。

あの日が来るまでは……。

えっ！　子供ができた!?

ニート生活を始めて3ヶ月が過ぎたある日の夕方、出勤前の彼女から、

「話がある」

と言われた。

両親が離婚した中学2年のとき以来、人生2度目の「話がある」だった。苦い思い出のある僕は身構えた。

テーブルで向かい合った僕に、彼女は真面目な表情で言った。

「子供ができたかも……」

予感は的中した。その瞬間にいろいろなことが頭に浮かんできて、何も考えられなくなった。自分の考えをまとめられなかった僕は、最悪なことに彼女に答えを委ねるという方法に出てしまった。

「どうしたいん？」

そんな僕とは裏腹に、彼女はすでに腹を決めていたようで、

「産みたいんよね」

と言うと、僕に「少し考えておいて」と言ってそのまま仕事へ出かけてしまった。


彼女を送り出して、部屋で一人になった僕は思った。

「本気になるときがきた……」

彼女は父親になるのが仕事もしていないような男であるのに、子供を産みたいと言った。彼女のその覚悟と父親になるという現実が僕の「本気」のスイッチを押したのだ。

「うん、ニートじゃ格好つかないな」

その夜、僕は再び働くことを決めた。彼女はこれから子育てをすることになる。ど

うせなら、働かなくても良くしてあげたい、いや、彼女にも子供にも楽をさせてあげたいとも思った。

とにかく僕は、ついに本気になったのだ。

余談だが、僕を本気にさせてくれた彼女は、その後、僕の奥さんとなり、今もともに二人の子供を育てている。

再起に向けた自分との約束

「金なし」「コネなし」「学歴なし」という「弱者」である上、社会人デビューに失敗した自分のような人間が勝ち上がっていくためには覚悟が必要だ。僕は、彼女に妊娠を告げられたその夜のうちに、必死に考え、自分とこんな約束をした。

それは、次の4つだ。

①「仕事の仮面」を被ろう
②「仕事の仮面」で常に厳しくあろう
③「勝ち」にこだわろう
④プライドを捨てよう

これは、社会人デビューで失敗した僕が、もう失敗しないための強い決意だった。本気を出すからには負けたくない。どんなに自分が「弱者」でも、勝つための約束だ。そして僕は、この約束を常に意識し続けて、仕事に臨むことを心に決めたのだ。

この4つの約束を1つずつ、もう少し詳しく書いていこうと思う。

「仕事の仮面」を被ろう

僕はまず、自分自身を見つめ直すことから始めた。

中学時代は親の離婚を言い訳にして、面倒な学校から逃げ出し、引きこもりになった。高校は無事卒業できたものの、最初に始めた仕事は、自分の思うように行かないからと途中で投げ出した。そして、彼女が甘やかしてくれることをいいことにヒモになり、ニート生活に突入。しかも、彼女に「子供ができた」と告げられるまでは、ずっとその生活を続けていてもいいとさえ思っていた。

自分はとことんダメな奴だと思った。

しかし、素の自分がダメな奴だと気づけたのは大きな収穫だった。僕はそのときに、

「素の自分はもう信用しない」

と決めたのだ。

自分のダメさに気づくことはとても大事なことだと思う。自分を「ダメな人間だ」と認めることができれば、それを前提に道を開くことができるのだ。

自分を変えるために努力をすることも道のひとつだろうし、自分がダメ人間なら他の人を頼るというのも道のひとつだろう。

そして、「自分はダメな奴」だということを肝に銘じておくと、進むべき道を選んだ後に後戻りをすることも少ないのではないかと思う。だって、その道に戻るのは間違っているとわかっているのだから。

僕が選んだのは、「別の自分を演じる」という道だった。

どんな人間を演じるのか。それは「仕事のできる人間」だ。

具体的にどんな人が仕事ができる人間なのかということまではわからなかった。それでも、自分の中で仕事のできる人間をイメージして、それを演じることにしたのだ。

僕はその日から「仕事の仮面」を被り始めた。

「仕事の仮面」で常に厳しくあろう

さらに僕は、「仕事の仮面」を被るからには、自分にも他人にも厳しくあろうと決めた。僕が思う仕事のできる人間には、そんなイメージがあったからだ。

他人に厳しくあるためには、まず自分に厳しくなくてはならない。自分に甘くて人に対してだけ厳しければ、信頼は得られない。

仕事の出来る人間は他人から信頼されるものだ。

そこまで考えて、自分に厳しくすることなど出来るだろうかという疑問も浮かんだ。最初から自分に厳しくできるような人間は、そもそも僕のようなダメ人間にはなっていないだろう。自分に厳しくできるのは強い人間なのだ。意識が高く、意志の強い人間でないと、自分に厳しくすることなんてなかなか出来るものではない。

だが、「弱者」の自分が勝っていくためには、もう甘えは許されないと思った。

そのための「仕事の仮面」なのだ。

「仕事の仮面」を被った僕は、意識が高く、意志の強い人間になるのだ。だから自分にも厳しく出来る。そう言い聞かせた。

自分に厳しく出来れば、他人に厳しくすることはそれほど難しいことではない。自分に求めたものを相手にも求めればいいだけだ。

もちろん、自分と他人は違う。

自分に出来ることを他人が出来ないこともあるだろう。そんなとき、ただ厳しくしているだけでは信頼は得られないだろう。そんなときは、先に自分に厳しくした経験で、相手に助言をしたり、手をさしのべたり、サポートしていけばいい。

自分に厳しくした上でなら、他人に厳しくするときにはただ結果だけを求めてスパルタになることもない。

だから、**人に厳しくするときは、まず自分に厳しくある必要がある**のだ。

「勝ち」にこだわろう

これに関しては、僕はもともと「勝ち」にこだわって生きてきたように思う。どうせ何かに挑戦するなら「負けるのは嫌だ」「勝ちたい」と思ってきた。

そんな僕が勝つためにしたことは、「負けないこと」に重きを置くことだった。**しなくてもいい勝負は避け、勝負をするときは相手を選び、ライバルの少ない勝てる環境でしか戦わない**のだ。

でもそれは、努力をしなくてもいいということではない。

勝つために努力をする前に、どこで勝つかをしっかりと考えることが大事ということだ。自分にボクシングの才能があって、料理の才能がないなら、料理で世界一を目指すべきではない。ボクシングで世界一を目指して努力すべきだということだ。

思えば僕は、昔からそのようにしていた。どんなときも、自分より身体の大きな相手とはケンカをしなかったし、口で負けてしまうような頭の切れる相手に論戦を挑むこともしなかった。

自分の性格では勝つことで得るものよりも、負けることで失うものの方が大きなことがわかっていたからだと思う。自分に甘い人間なので、負けて自信を失えば、もう二度と挑戦したり戦ったりしなくなるに決まっている。

だからこそ、どんな相手でも、どんな環境でも勝つことに意味があるのだ。

自分より弱い相手としか戦わなくても、勝ち続けることで得られる経験はある。そして、経験を積めば、次に戦う相手は前の相手より強くても勝てるようになっている

に違いない。負けて、戦うことを止めてしまえばその経験すら得られない。

それは組織に置き換えても似たようなことが言えるだろう。

「鶏口牛後《けいこうぎゅうご》」という言葉がある。

中国戦国時代の策略をまとめた『戦国策』という書に書かれている「鶏口となるも牛後となるなかれ」をもとにした言葉で、小さい集団であってもその中で長となる方が、大きな集団の中でしりに付き従う者となるより良い、という意味の言葉だ。高校時代に読んで感銘を受けた司馬遷の『史記』にも同様のことが書かれていた。

強大な組織の中で勝ち上がっていくことができないと思うのであれば、自分でも勝ち上がれそうな組織を選んで、そこに身を置いた方が有意義なはずだ。

どんなに小さな組織でも、その中で勝ち残り、トップに立っている人間は、自分に自信があるはずだ。

一方、大きな組織の中で負け続けて、その一番下に身を置いている人間は自信も失い、卑屈になりやすい。

果たして、その二人はどちらの方が成長していくだろうか。

僕はたとえ鶏の口でも、勝ち続ければ鶏を大きくして、いつか牛に勝つこともできると信じている。

だからこそ、とことん勝ちにこだわらなくてはいけないのだ。

プライドを捨てよう

それまでの僕は、いつも心のどこかに「格好良くいたい」「みっともないことはしたくない」という思いがあった。

その思いは仕事に対しても同じで、本気で取り組んだ仕事なんて何もないのに、一丁前に「身体を使う仕事は格好悪い」「地味な仕事は嫌だ」「こつこつ稼ぐのは俺には向かない」などと根拠のないプライドで自分を武装して、働くという行為そのものから逃げ回っていた。今思えば、それこそ格好悪いのだが、そのときは気付いていなかった。

「仕事の仮面」を被るということは、プライドを捨てるということでもある。

僕はもともと、自分のダメさ加減に嫌気が差し、「仕事の仮面」を被ると決めた。だとすれば、仕事なんて選んではいられない。

しかも僕は仕事の出来る別の人間を演じようと決めたのだ。仕事の出来る人間は与えられた仕事だって文句を言わずにこなすはずだ。

自分にも他人にも厳しくいようとすれば、プライドを保つことだって難しいだろう。

自分に厳しくいようとすれば、嫌な仕事だってやらなくてはならない。

さらに、**勝ちにこだわるなら、仕事の選び方には、格好いいかどうか、やり甲斐があるかどうか、自分が好きかどうかは関係ない。**

自分が勝負に出て、勝てる場所を選ぶことが大切なのだ。

勝てる仕事であれば、プライドを捨て、どんな仕事だってやろうと心に決めたのだ。


振り返れば、それ以降仕事のために様々な格好悪いことをやってきた。

人通りの多い駅前でのチラシ配りだって率先してやった。

仕事にお金を回すために、家族に貧しい思いをさせたこともある。

勤務態度の悪い上司を隠し撮りして、密告だってした。

お店の女の子たちをそそのかして仕事をボイコットさせたこともある。

どれもその後の仕事の発展には絶対に必要なことだった。それが出来たのはあのとき、プライドを捨てると決めたからだ。もし、体裁を気にしてこれらのことをしてこなかったら、今の僕はなかっただろう。

3 勝目からの『弱者の勝ち方』

『「仕事の仮面」を被ろう』

別の人間になったフリ、なったつもりで、仕事モードのスイッチを入れよう。

『「仕事の仮面」で常に厳しくあろう』

自分に厳しくした経験を活かして他人に厳しくしよう。それが信頼に繋がる。

『「勝ち」にこだわろう』

自分が勝てる場所をしっかり見極める。勝ち続けて得られるものを得よ。

『プライドを捨てよう』

勝てる場所で勝つためなら、どんなことでもやる覚悟を持とう。

4勝目

再就職先は朝キャバ

ミナミを新たな戦場に選ぶ

２０１０年２月。

彼女から妊娠を告げられた僕は、夜通し自分への約束事を考え続け、朝になるのを待って、電車に飛び乗った。仕事を見つけるためだ。

勝負をするなら水商売だと決めていた。

ホストでの勝負には負けてしまったが、ホストを始める前に考えた水商売での勝機（２勝目参照）は間違っていないという自信があったからだ。

今度は自分に合った、自分が活躍できる水商売を見つけてやろうと考えた僕は、京都から大阪へ出ることに決めた。中でもいろいろな業態の水商売が集まる西日本屈指の繁華街・ミナミでなら自分が勝っていける店を見つけることができると思ったのだ。

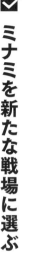

早朝の冷たい風に吹かれながら、僕はミナミの歓楽街、宗右衛門町《そうえもんちょう》を歩いた。

自分に向いた、自分が勝っていくことのできる仕事はないだろうか。そんな思いで、街にある水商売風の店の看板を虱《しらみ》潰しに見ていった。キャバクラ、ラウンジ、クラブ、スナック、バー、パブといろいろな形態の店があり、それぞれが独自の路線を打ち出していた。

看板や外観だけを昼間に見ても、どんな店なのか雰囲気が掴みづらいところも多かった。看板の色味や照明などは、実際、夜にならないとはっきりはわからない。

やっぱり、夜に出直そうかと思いながら歩いていると、小さなビルの前に、夜の店のスタッフと思しき黒服姿の男たちが立っていた。彼らはいくらミナミとはいえ、まだ明るい時間帯の街には不釣り合いな格好をしていた。

——夜からずっと働いているのだろうか?

そう思いながら、彼らの横を通り過ぎた。そのとき、彼らの横に置かれた看板を見ると『昼キャバ』と書かれていた。そのネーミングですぐに、昼にやっているキャバクラだろうということはわかった。ただ、そんな時間にキャバクラを営業して、いったい誰が来るのだろうかという疑問は残った。

実際に営業している店があるのだから、一定の客層があるのだろう。そう考えた僕は、昼キャバという業態に興味が湧いた。見れば、立っている黒服たちは自分と同じくらいの年齢で、似たようなホストかぶれの雰囲気をもっている。

——昼キャバ、面白いかもしれない。

そう思った僕は、すぐに近くの漫画喫茶へ向かった。ネットを使って昼キャバとさっき通りすぎた店についてリサーチをするためだ。

「ミナミ　昼キャバ」と検索すると、検索ページの一番上に先ほどの店が表示された。店のホームページも作られていて、店の内装や口コミも悪くない。しっかりしていそうな店だと思った。

キャバクラで働いたことはないが、昼キャバなら夜のキャバクラよりも厳しくないかもしれない。さっき見かけた黒服たちも大したことがなさそうだと思った。店長にだってすぐになれるかもしれない。

ミナミの昼キャバは、ここでなら勝てると思えた場所だった。そして僕は、この店で働こうと決めたのだった。

採用面接

ミナミの昼キャバで働こうと決めた僕は、すぐにその店に連絡を取った。

電話で黒服として働きたい旨を伝えると、面接の希望日を聞かれた。祇園から来ているので、日を改めるのが面倒だった僕は当日を希望した。もちろん、先方の都合もあるので、別日にもう一度足を運ぶ覚悟もあってのことだ。だが、僕はできるだけ早く仕事を決めたいと思っていた。そんな僕の気持ちが伝わったのか、店側は当日の面接を快く受け入れてくれ、身分証だけ持ってくるようにと言われた。

僕が「10分後に行きます」と伝えたときにはさすがに驚かれたが……。

昼キャバの採用面接は驚くほど簡単なものだった。

店の前に立っていた黒服に声をかけると、無線で確認を取り、店の中まで案内してくれた。店内は席数が6卓と思っていたより小さかったが、黒を基調に綺麗にまとまっていて清潔感のある空間だった。

客席の一つに座り、その場で面接用紙に記入するように言われた。簡単な履歴書のような用紙には、『志望動機』という欄があった。この時にはもう、この店で勝ち上がっていこうと決めていた僕は、少しでもやる気を見せられるよう、こんな志望動機を記入した。

「店長になって経営を学びたい」

半分は本気。半分は**やる気を見せるためのはったり**として書いたものだが、あなたが新人を採用する立場だったとして、こんな志望動機を書く人間をどう思うだろうか。

「生意気」「世間知らず」「口だけの人間」。そう思うかもしれない。

これが一般的な会社の採用面接の資料であれば、さほど目立つこともないだろう。だが、ここは昼キャバの黒服を決める面接の場なのだ。志望動機に「経営を学びたい」と書くような人間はまずいない。この時点で僕は、

――アルバイト感覚で来た人間とは違う。

という印象を相手に与えることができたのだ。

「明日から来られますか?」

面接用紙を見た店長は、すぐにそう言った。この店で働こうとすでに決めていた僕は、二つ返事で快諾した。

黒服への待遇もしっかりしている店だった。

面接でホスト時代に使っていた派手なスーツしか持っていないと言った僕に、店長はその日のうちに、スーツを買い与えてくれた。

また、系列店の黒服が暮らすための寮も完備されていた。僕は彼女の家から通うつもりだったので利用するつもりはなかったが、念のため寮の下見もした。

初任給は23万円。店長になれば28万円になり、その上にはエリアマネージャーがいて副社長がいて社長がいる。当然、ステップアップするごとに給料も上がっていく。

この店舗は朝の部、昼の部の2部に分かれており、同じ形態で経営する系列店は4店舗。さらにグループには夜に営業をするキャバクラも5店舗あり、朝と昼のキャバクラの社長と夜のキャバクラの社長の上に、グループのオーナーがいた。

思ったより大きなグループだったが、僕はまず、この店で勝っていくことを目標に定めた。

スーツの買い物と寮の下見を終えて外に出ると、陽はすっかり落ちていて、明かりのつき始めたミナミの町が昼とはまったく違う顔を映し出そうとしていた。そんな中に、1軒の建設中のビルがあった。そのビルが、やがて「日本一」と言われるようなクラブとなり、僕がオーナーとなるのはまだまだ先の話だ。

「仕事の仮面」のスタート

僕が働き始めたのはその店の朝の部、朝キャバだった。

出勤時間は朝の5時。祇園からでは間にあわない僕は、前日の22時に家を出て、店のバックヤードの片隅で仮眠を取った。

朝キャバや昼キャバに来る客なんているのだろうかという、店を見つけて最初に抱いた僕の疑問は、働き始めてすぐに解消した。

店に来るのは朝まで飲み続けている人か、ホストやキャバクラの黒服、バーの従業員など、多くが夜の仕事の関係者だ。夜の街で働く人たちの、仕事終わりの一杯を女の子のサービスとともに提供しているのが朝キャバだった。

はじめは店の外に立つことが仕事だった。街行く人を客として呼び込んだり、店に来たお客様を店内まで案内するのが仕事だ。

冬の早朝から外に立つ仕事はきつかった。それでも僕は、徹底的に「仕事の仮面」を被った。そうしなければ、また自分に甘えて逃げ出してしまう。朝の街でもまだまだ盛り上がっているグループがいれば積極的に店に誘い込み、店に良く来る常連さんにも進んで声をかけた。**周りの人間から仕事のできる人間だとみられるような演技**だ。

数日が経つと、店内の配膳を任されるようになった。接客している女の子からオーダーを聞いて厨房に通し、できたドリンクや料理をテーブルまで運ぶのだ。

僕はここでも**「仕事の仮面」を被り、自分が思う仕事のできる人間になるように徹した。**

オーダーを受けながら、女の子の好みやお酒の強さなどを把握し、お酒の弱い女の子にはお客様にバレないようにお酒を薄めに作ったり、ノンアルコールを提供したりした。各テーブルを回りながら、どこが盛り上がっていて、どこが今ひとつなのかなど、全体の状況を把握することも忘れなかった。盛り上がっているテーブルにはお酒のお代わりやフードをすすめ、今ひとつのテーブルでは一言一言、お客様を盛り上げるような声かけをした。

ここでは、高校時代やホスト時代に培った話術が役立った。朝キャバに来るお客様には高校時代の友人たちのように武勇伝を語りたがる人が多かったし、店の女の子にはホストに戻ったつもりで話を聞き一つ一つにオーバーリアクションで答えることで、お客様からも女の子たちからも受けが良かった。

新人であっても「店長のように」振る舞う

キャバクラの黒服には「付け回し」という大事な役割がある。どのお客様にどの女の子を付けるのかを決め、お客様と女の子の相性を見極めながら、女の子を入れ替え、店全体がうまく回るように差配するのだ。

この店では「付け回し」は店長の役割だった。ところが、僕は働き始めて2ヶ月で、この「付け回し」を店長から任せられるようになった。

「仕事の仮面」を被ったときは自分にも他人にも厳しくすると決めていた僕は、この頃になると**店長のように振る舞い始める**ようになっていた。

店長の仕事は店長になってから覚えるというような考え方では、いつまでたっても店長にはなれない。**店長になるためには、店長になる前から店長がやっている仕事が出来ていなくてはならない。**そうやって周りから「こいつになら店長を任せられる」と思われなければ店長になどなれないはずだ。

そのために、僕は店長がするようなことを率先してやった。

営業中、スタッフが会計のテーブルを間違えるようなことがあればインカムで厳しく注意したし、13時の締めの時間に売り上げ目標が未達であれば、スタッフが全員揃っているところで、店長を差し置いて、その原因を追及した。

僕より先に入った人もいるし、そもそもそこまでのやる気がない人間もいたから、彼らからは気にくわないと思われていたかもしれない。それでも僕は、**この店で働くのだから売り上げに貢献するよう働くのは当然**のことだというスタンスで店長のような振る舞いを押し通し、自分にも他人にも厳しくしたのだ。

時には、名指しでこんな質問をすることもあった。

「今日は目標の売り上げに3万円足りなかったけど、どうすれば良かったと思う?」

何も考えずに、ただ働いている人間は、ここで何も答えが浮かばず、黙り込んでしまう。だから、僕は考える時間を与えるように相手の目を見て、5分でも10分でも無言でじっと待つようにした。すると、何かしらの答えが出てくるのだが、多くが具体性のない感情ベースの答えだった。

「もっと頑張れば良かったです……」

そんなとき、僕はさらに相手に質問し、ふわっとした**抽象的な答えを1つずつ、具体的な答えが出るまでやりとり**していった。

「頑張るって何?　つまりどうするの?」

「延長交渉をもっと押せば良かったです」

「押すってどうやって?　ただ押せばうまくいくの?」

「お客様が一番盛り上がっているタイミングを見計らって、声をかけるようにします」

そんな風に**具体的な行動ベースの答えが出るようになるまで質問**を繰り返し、その答えができたところで、

「じゃあ、明日からそれでやってみような」

と話を終え、翌日、実際にそれができたかどうかのチェックまでするようにした。

僕はいつでも誰よりも店のことを考え、売り上げが上がるように振る舞っていた。周りの人間もそれを知っているからこそ、僕がここまで詰めても、みんなは理解してくれていたのだ。

これが習慣付いたことで、スタッフのみんなが何も言わなくても、売り上げを上げることを考えて行動するようになり、店全体がうまく回るようになっていった。

3つのルール

店長のように振る舞い始めた僕は、店長から店の女の子や黒服への教育係の役割も任せられるようになった。そこで、店内で守る3つのルールを作り、徹底させるようにした。

1つ目は**あいさつをしっかりする**、ということだ。

朝キャバで働くようになって、敵情視察と研究のためにいくつものキャバクラに行ってみたが、誰でも簡単にできる当たり前のことなのに、出来ていない店がとても多かった。残念ながらそれは僕の店も同じだった。

もちろん、女の子たちはお客様にはしっかりとあいさつをすることが多い。ただ、黒服など裏方スタッフへのあいさつは小さな声で目も見ない。しかもスマホをいじりながらだったりしていた。

これはそのまま、女の子と黒服のコミュニケーションの悪さに繋がると僕は思っている。

女の子と黒服のコミュニケーションが悪い店は、客として行ってもすぐにわかる。女の子が黒服を下に見ていて、それが態度に出てしまっているのだ。悪いことに、女の子がそんな態度だと、その子がついているお客様まで同じように黒服に横柄になることが多い。そんなことで店がうまく回るはずがない。

同じ店で働くもの同士、**人として尊敬し合うことが大事**なのだ。

その気持ちを育むために必要なのが「あいさつをしっかりする」ということだった。

僕は入ってきたばかりの女の子には必ずその話をした。

「いきなり売り上げなどの数字は求めないから、まずは人としてちゃんとすることが大事」

それが一緒に働いていく上での大前提である。

2つ目は、**綺麗な姿勢を保つ**、ということ。

お客様の相手をしているときは当然だが、お客様の相手をしていなくても、お客様から見える位置にいるときは、女の子も黒服も綺麗な姿勢を心がけさせた。

この仕事は、お客様にいつでも気持ちよくいてもらうことが大切だからだ。

店に入ったとき、黒服がだらっとした姿勢で立っていたり、女の子と黒服の無駄話が多かったりすれば、お客様は気分が悪いだろう。

お客様の立場に立って考えれば簡単にわかることなのに、これが出来ていない店も多いのだ。おそらく、どこの店も働き始める際には注意されているはずだ。しかし、それが徹底されず、なあなあになってしまっているのだ。

僕は、それまでのマニュアルにはなかった立ち姿、お辞儀の角度まで徹底することにした。当然、面倒臭がられることはわかっていた。しかし僕は、

「俺らの動きが値段を決めるんや」

ということを何度も何度も話して聞かせた。

自分たちの姿勢一つでお客様の気分が変わる。お客様の気分が良ければ、長居をしてくれるし、また店に来てくれる。それはつまりここで働くみんなにお金として返ってくることなのだ。

綺麗な姿勢を保っているだけで、お客様から女の子は綺麗に見てもらえるし、黒服は仕事が出来るように見てもらえる。こんなに簡単で効果的なことはない。しかも、姿勢を正すだけならただで出来る。コストパフォーマンスは最強だ。


3つ目は、**遅刻厳禁**だ。

3つのルールの中でも僕は遅刻に対して一番厳しく、絶対に許さなかった。自分の都合で他人の時間を奪うなど重罪に等しい。

女の子が遅刻をすれば、その子を目当てに来ているお客様を待たせることになる。もしかしたら、そのお客様は必死に時間を作ってきてくれているのかもしれない。

黒服が遅刻をすれば、店の稼働に遅れが出ることだってある。それは店全体の損失だ。

これらのルールを、店長でもない店に入って2ヶ月足らずの黒服が決定し、口うるさく取り締まるのだ。難しい奴、面倒臭い奴と思われ、みんなから反感を買った。

しかし、それも長くは続かなかった。

なぜなら、この3つのルールを徹底した途端、店の空気がガラッと変わり、実際に売り上げがどんどん上昇し始めたからだ。これによって、僕はみんなから信用を得られるようになったのだった。

ひと月後くらいには、僕が店を休むと店の女の子たちが、

「織《おり》ちゃんがいないんだったら今日は休む」

と言い出すほどになった。

店の中に厳しく目を配る僕がいない日は、実際に店全体がダレてしまい、売り上げも上がらなかったからだ。ならば、僕がいるときに出勤した方が割がいい。女の子たちはそんな状況に嫌気が差して、

「こんなんだったら、織ちゃんのいない日は定休日にして」

と店長に直談判するほどになったのだ。

女の子たちはお金のことだけを見ていたわけではない。基本的に、女の子は頑張っている自分が好きだ。特に水商売で働く女の子にはそういう意識の子が多い。彼女た

ちは、僕が仕切る活気づいた店で働く方が自分の意識も高く働いていられる、自分もベストパフォーマンスで働くことが出来るとわかっているのだ。

「仕事の仮面」を被ったときは、自分にも厳しくなければならない。

僕は、そんな彼女たちに約束をした。

「みんなが辞めるまで、一生休まない」

そして、僕はその店で働く間、この約束を守り抜いた。

人生の「師匠」との出会い

朝キャバで働き始めた僕は、その店で人生の「師匠」とも呼べる人と出会った。

僕が働き始めた頃、15歳年上の師匠は同じ店の昼の部の店長だった。いつも店にいて、ぜんぜん寝ない人として知られていた師匠は、朝キャバのオープンに間に合わせるために前日から店に泊まり込んでいる僕を面白がってくれ、何かと話しかけてくれた。

正直、僕は少しでも眠りたかったのだが、師匠の話はいつも面白く、気がつけば一睡もせずに朝キャバのオープンを迎えていた。

その頃の僕は、必死さをアピールするために、いつも小さな手帳を持ち歩き、人から何か話を聞けば、それにメモを取っていた。そんなところも、師匠が僕を気に入ってくれたことの一つだったようだ。

すぐに偉くなった師匠は、エリアマネージャーから本部の人となり店から離れていったのだが、その後も僕と話をするために頻繁に店に顔を出してくれた。

師匠から学んだことは数え上げればきりがない。

はっきり覚えていることは、朝キャバで働き始めてすぐに、

「夢あんの？」

と聞かれたことだ。僕は、

「いつか独立して社長になりたい」

と答えたのだが、師匠からはこう言われた。

「なりたいって言ってるヤツはなれへんよ」

師匠曰く、「モテたいと言ってるヤツにモテるヤツはいない」そうで、その話には妙な説得力があった。師匠からは、

「社長になりたいのなら、社長のように振る舞え」

と言われた。

その頃、すでに僕は店長のように振る舞っていた。しかし、それでは店長にしかなれない。その上の**社長を目指すのなら、社長のように振る舞え**と師匠は言うのだ。

確かに、キャバクラ1店舗の店長を目指すのと、何店舗をも経営する社長を目指すのとでは振る舞い方も大きく違うはずだ。

師匠の話に納得した僕は、次の日から服装や髪型を変えた。社長のような振る舞い方はわからなかったのだが、せめて見た目だけでも社長っぽくしようとした結果だ。


師匠との付き合いは長く、その後、僕はある程度の出世をしたのだが、ある時期、僕が自信を失い落ち込んでいた時も師匠の言葉で救われたことがある。

そのときの僕は、家族や仕事関係の人間とあまりうまくいっておらず、

「あなたは自分のことしか見ていない」

というようなことを言われていた。

そんなこともあって、自分の性格について調べてみると、『自己愛性パーソナリティ（人格）障害』という障害に行き着いた。

この障害の人は、ありのままの自分を愛することができず、自分は優越的で素晴らしく特別で偉大な存在でなければならないと思い込む傾向にあるという。また、傲慢さ

があり、優越性を誇示し、権力を求め続けることも特徴で、他者に対する共感能力が欠けているのだという。

まさに自分のことだと思った。

これまで自分が信じてきた行動はすべてこの障害の上に成り立っていたのかと思うと、このままでいいのだろうかという思いが込み上げてきた。

僕は師匠に電話をかけ、自分はそういう障害なのかもしれないと伝えた。

すると、師匠は明るい声でこう言ったのだ。

「織ちゃんの性格やろ？　そんなん知ってるわ。良かったな。今のその役職と環境を考えたら、天職やん」

僕の心はとても軽くなった。自分はそういう偏った傾向があることで、今の仕事が出来ているんだ。そう気付かせてもらえたことで、さらに今の仕事に打ち込めるとさえ思えるようになった。

このことで僕は、**人が本当に悩んでいるときは、その欠点すらも受け止めてあげることが大切**なんだということを学んだ。**人は慰められたり、励まされたりするよりも、自分が受け入れられたというだけで、心が楽になることもある**のだ。

働き始めてから、折々で僕のことを助けてくれる師匠は、僕にとって「社会人の父親」のような存在だ。そんな師匠は今でも僕の店に遊びに来てくれる。

人生がゲームなら攻略本は必須！

ところで、あなたは新しいゲームを始めるとき、攻略本を買うタイプの人だろうか？僕は子供の頃から、新しいゲームを始めるときには必ず攻略本を買っていた。その方が、無駄なく効率的にプレイを進めることができるからだ。

もちろん、攻略本を買わないというタイプの人の考え方も理解できる。遠回りやハプニングを含めてゲームを楽しむという考えなのだろう。

今の自分ではまったく歯が立たない、倒し方のわからない強敵と出会ったり、敵やトラップだらけの出口のわからない迷宮に迷い込んでしまったり、そういうことがあるからこそゲームを楽しめるというわけだ。

だが、それが自分の人生や仕事上でのことだったらどうだろう？

倒し方のわからない強敵や出口のわからない迷宮を楽しめるだろうか？

パワハラまがいの理不尽な要求ばかりする上司や自分の店のそばに出来た強力なライバル店という『敵』。いつまで経っても成果の上がらないプロジェクトや理由がわからないまま自分の店に客が入らないという『迷宮』。

実生活においてなら、そんなものを楽しむ余裕がないのが現実だろう。

そして、そんな状況を無駄なく効率的に打破する方法を教えてくれる攻略本があるのなら、手に入れたくなるのではないだろうか。

結論から言おう。人生や仕事にはちゃんと攻略本が存在している。

様々な研究者や成功者など、その道の先人たちが書いた自己啓発本やビジネス書などの実用書がそれだ。

人生の悩みにも答えてくれるし、どうすれば仕事がうまくいくかの手ほどきもしてくれる。僕のようなないない尽くしの「弱者」が勝つためにはこうした人生の手ほどきが必要だったのだ。もちろん、自分に合う・合わないはあるが、数を読めば、自分に役立つ本に必ず出会えるはずだ。そして、その知識は必ずあなたを助けてくれる。

実は、先に書いた僕が導入した朝キャバの3つのルールのうちの一つ、「綺麗な姿勢を保つ」というものは、それまでに読んでいたホテル経営やテーマパークの成功について書かれたビジネス書を参考にしたものだった。僕はそれらの本で、良い姿勢でお客様を迎えることの利点を学んでいた。

僕はこの手の本（人生の攻略本）を若い頃から読み漁ってきた。

なぜなら、不安だったからだ。

僕はとても臆病者で、外では自信満々に振る舞っていても、内心ではいつも「自分はこれで合っているのだろうか？」「この先どうすればいいんだろうか？」と不安ばかりを抱えていた。

その不安を打ち消すために、様々な本を読み漁ってきたのだ。不安の分だけ本が増えるという生活だった。

最初に読んだ本もはっきりと覚えている。高校2年で読んだロバート・B・チャルディーニの『影響力の武器　なぜ、人は動かされるのか』という世界的ベストセラーだ。人はどのような心理的メカニズムでものを買ってしまうのかということがとてもわかりやすく書かれており、そこに書かれていることは実生活でも役立てることができるものばかりだった。

とにかくこの本は面白かった。最初にこの本が僕を惹きつけてくれたことが、その後の読書量に繋がったと思っている。

もともと僕は本が好きな子供だった。

小学3年のときに星新一に出会い、その面白さに全作品を読破した。その後も、図書館や本屋に通ってはいろいろな物語を読んできた。そのおかげで、活字への抵抗感がまったくなかったことも良かったのだろう。星新一先生に感謝だ。

僕は大人になってから読んだ本もすべて残してある。読み終わった本はすべて、実家に送り、読んだ順に書棚に並べている。それを見れば、自分がいつどんなことに悩み苦しんでいたのかが地層のようにわかるのだ。

まるで「織田教」？

朝キャバ時代、僕はみんなに厳しくする代わりに、褒めることも忘れなかった。

特に女の子は店の商品であり、お客様と同じレベルで大切な存在なので、とにかく意識的に褒めるようにしていた。髪型が変われば褒め、いつもと色味の違う服を着ていれば褒めるといった具合にだ。

女の子が初めて指名をもらえた時には、一緒になって喜び、

「毎日、頑張ってたからやな」

と結果よりも「それまでの行程をちゃんと見ていたから俺も嬉しいんだよ」という気持ちを伝えるようにハグをしたりもした。

女の子たちは、「褒めてくれるし、一緒に喜んでくれるから、織ちゃんは味方」だと思ってくれているようだった。この辺りは、ホスト時代の経験が役立っているかもしれない。

女の子の流行りや美的感覚も知っておく必要があったので、女性ファッション誌にも目を通していた。そうすることで、色味やサイズ感などのダメ出しやアドバイスが出来るのだ。

あるとき、女の子の一人がショールを羽織り、腕を隠すような格好で店に出ようとしていた。男性相手のキャバクラだ。当然、お客様は露出が多い方が喜んでくれる。

「上に羽織ってるショール、外せない？」

すると、その子は太っているから腕を出せない。出したくないのだという。

「じゃあ、腕を出してから痩せようか？」

僕はそう提案した。しかし、それだけで放っておいては、その子はどうしたらいいのかわからず、ふて腐れてしまうだけだろう。だから、その気持ちに応えるように、僕は一緒に行動することを提案した。

「ちゃんと痩せられるように俺が面倒見たるよ」

当時、猛烈な勢いを持っていたライザップを真似して、「織ザップ」と名付けてスタートした。彼女に毎食、食べたものの写真を送らせて食事の管理をし、時には一緒に運動もした。

「痩せたら、絶対にもっとかわいくなるんやから」

そう言って彼女にやる気を出させ、実際に彼女は痩せた。


そんなことを続けていると、女の子たちは、僕にいろいろなことを相談してくれるようになった。僕がいない場所で、新人の女の子が困っているときにベテランの女の子が、

「織ちゃんに相談したの？」

と話すほど頼りにされるようになっていた。

そんな様子を見ていた昼の部のスタッフたちからは、

「まるで宗教。織田教やな」

とからかわれるようになっていた。

4

勝目からの『弱者の勝ち方』

『なりたいものには振る舞いから』

なりたいものがあればその振る舞いから始める。振る舞いがその人を作るのだ。

『曖昧なものを曖昧なままにしない』

具体的に行動が出来るまで考え抜く。行動を明確にすることが次の一歩に繋がる。

『人生の攻略本を手に入れる』

成功者が書いた実用書は人生の攻略本。弱者が勝つために攻略本は必須だ。

学び続ける者だけが勝つ～お勧め本の紹介～

本文で書いたように、世の中にある様々な本はまさに人生の攻略本だ。僕は幼い頃から多くの本に救われてきた。だから今でも多くの本を買う。
ここでは、そんな中から特に記憶に残る本を簡単に紹介したいと思う。

『嫌われる勇気 自己啓発の源流「アドラー」の教え』岸見一郎、古賀史健

自分が自信を失って落ち込んでいる時期に読み、気持ちがとても楽になった本だ。他者が持つ自分に対する思いはその人の問題であり、自分が気にする問題ではないという考え方にとても共感した。
特に人間関係に悩んでいる人にお勧めだ。

『話を聞かない男、地図が読めない女』アラン・ピーズ、バーバラ・ピーズ

キャバクラで働きはじめたとき、女の子のマネジメントについて悩んでいた。そのときにこの本を読み、男と女は考え方ひとつ取っても、これほど違うんだ。男と女はそもそも違う生き物なんだということを学んだ。

夫婦や恋人、職場での立場など、男女の問題に悩むなら一度は読むべき教科書だ。

『韓非子』韓非

キャバクラでエリアマネージャーになったとき、自分が現場を離れても現場にいる人を上手く動かすにはどうしたらいいのか悩んでいたときに読んだ本だ。僕が大好きな織田信長が『韓非子』に人心掌握術を学んだと知ってこの本を読むべきだと思った。

性悪説を説く内容が腑に落ち、従業員との距離の取り方などがわかった。

ビジネスでの対人スキルに悩んだら、マキャベリの『君主論』と合わせて読むことをお勧めする。


本書を読んでいる時点で、あなたが本嫌いということはないだろう。

あなたがもっともっと多くの良書に巡り会えることを願っている。

5 勝目

19歳の
店長誕生！

ミナミでの反乱

ミナミの朝キャバで働き始めた頃から、僕にはある不満があった。

それは、店長がまともに働いていないことだった。営業中、店長はずっと漫画を読んでいて、自分はほとんど働いていないにもかかわらず、売り上げの少ない女の子に対しては厳しく、きつい言葉を浴びせるのだ。

その上、店長はこの業界では御法度である店の女の子に手を出すということもしていた。店の女の子の一人と同棲していたのだ。

それは、店全体の士気にも関わることだった。これでは僕がどれだけ店長のように振る舞い、女の子に発破をかけても思うように売り上げが伸びるはずはない。

僕が店長になった方が会社にも、店の従業員にとってもいいに違いない。

そう思った僕は、朝キャバ部門を統括する社長に、店の売り上げが伸びない理由をレポートにまとめて提出した。そこには、店長に不満を持つ女の子たちの声や営業中に漫画を読む店長の写真などを載せていた。

こんなことをすれば、店長が激高して僕に文句を言ってくるだろうとは思ったが、そんなことになれば、僕はそれ以上に言い返してやろうと思っていた。大袈裟な言い回しだが、正義はこちらにある。

しかし、社長は思ったほどそのレポートに興味を示してくれなかった。当たり前だ。当時の僕はまだ店に入ったばかりの新人だ。社長にしてみれば、僕より店長を信じるだろう。

そこで僕は、店長が店の女の子と同棲していることも報告した。

社長の目の色が変わった。

「そりゃまずいな……。わかった、ちょっと検討するわ」

社長はそう言ってくれたものの、店長が代わることはなく、その後も営業中に漫画を読み続けていた。

店側が変わらないなら、行動を起こすのみだ。

「この店の売り上げが上がらなくて、みんなの給料が上がらないのは店長のせいだ」

僕はそう言って、女の子たちを煽った。店長に不満を募らせていた多くの女の子たちは、僕の意見に同調し、「店長が代わらないなら店に出ない」と出勤をボイコットしたのだ。

その間、店は店長の彼女とその仲のいい女の子たちで回していたが、こうなると店の売り上げは確実に下がる。店長の責任は重大だ。

僕はその数字を持って、再び社長に掛け合おうと思っていた。だが店長は裏技を使ってそれに対抗してきた。ボイコットをした女の子たちの給料を飛ばしたのだ。つまり、彼女たちに給料を払わないという手段で、店に利益が出ているように工作したというわけだ。

僕は店の現状を社長に報告したのだが、利益が出ていることもあり、結局、店長が厳しく追及されることはなく、しばらく様子を見るということになった。

僕に煽られ、ボイコットをした女の子たちは、給料がカットされただけという結末になり、とても申し訳ない結果になってしまった。

しかし、それからひと月も経たないある日、店から店長が消えた。グループ内の別の店に異動になったのだ。その理由は明らかにされなかったが、僕は、僕たちが起こした反乱によって追い出すことに成功したのだと思っている。

店長がいなくなったからと言って、僕が店長になったわけでもなく、店は店長不在のままだった。

それでも社長からは、

「織田の好きにやれ」

と言ってもらうことができて、実質的に僕が店長のようになった。

店のみんなと一緒に頑張っていけば、近いうちに正式に店長になれるはず、と思っていた。ところが、事態は急転した。

突然、社長の後輩という人が入社してきて、その人が店長になったのだ。社長は僕がごねることを予想していたのだろう。梅田に新店舗ができるから、そちらに異動しろと指示したのだった。

当然、僕はごねた。店のみんなとの関係もあるし、新しく入る人が梅田に行くのが筋ではないかと反論したのだ。

しかし社長は、決して首を縦に振らなかった。これ以上抵抗してもいい方向には転ばないだろうと思った僕は、梅田の新店舗に行くことを承諾した。

これが、朝キャバで働きはじめて3ヶ月目の出来事だ。

ターゲットは社長

梅田への異動が決まったとき、僕は当然、店長になるものと思っていた。

しかし、その店の店長は僕と同じように別の店から異動してきた人が就いた。その人が店長になった理由は、僕より年齢も経歴も上だということだけだった。キャバクラで働いた時間が長いというだけで、決して能力が高いからという理由で決まったわけではない。

今回の店長は、店長というポジションにいるだけの人だった。売り上げを上げるためにアグレッシブに努力をすることもないし、トラブルが発生しても、その処理は他のスタッフ任せ。何かを決めることも進めることもしない、現状維持で満足している人だ。そんな人だから、店のことはすべて僕に任せっきりだった。

そんな状況に僕は焦っていた。

社長は基本的にミナミにいる。梅田にいる僕が社長に成果をアピールするためには、店の売り上げを上げて、数字で判断してもらうしかない。それなのに、この店長の下ではなかなか売り上げも上がらない、上がったとしても下手をすれば店長の手柄になってしまう。

そこで目を付けたのが、月1回、グループ内のキャバクラ全店舗が参加して行なわれるプロジェクト会議だった。店舗やキャバクラ部門全体の売り上げを上げる施策や、経営に役立つことなどをそれぞれの店舗ごとにプレゼンするのだ。プレゼン内容の出来によって毎回、優勝店舗を決め、その店には20万円の賞金が授与される。そこには当然、社長も参加する。

このプロジェクト会議が社長にアピールするチャンスになると考えた僕は、そこから資料作りのためにパワーポイントの使い方を覚えた。

その頃、プロジェクト会議に提出される資料はほとんどが文字ベース。しかも、見た目を整えたものはほとんどなく、見づらい上に要点もまとまっていなかった。パワーポイントを使えば目立つと考えたのだ。

僕は仕事が終わると、毎日パソコンに向かい、パワーポイントの使い方を検索しては資料作りに打ち込んだ。プロジェクト会議で優勝するには、店舗が認められなくてはならない。そのためには、店全体の士気が高く見え、経営能力もあるように見える必要がある。梅田店の社員は僕を含め全部で4人。僕は4人分のプレゼン資料を作ることに決めた。

その内容も多岐にわたるようにした。店で働く女の子のマネジメントをマニュアル化したり、それぞれの店舗のシフト管理をグループ全体のエクセル入力に切り替えることで女の子の出勤を本部で把握できるようにしたり、店内装飾のアイデアを出したり……。

この結果、梅田店のプレゼンが認められ、プロジェクト会議で梅田店が優勝することが出来た。しかも、そこから3ヶ月連続の優勝だった。

それでは、店舗が認められても僕個人が認められることはないのではと思うだろうか？

もちろん、僕もそこは考えていた。**僕がプロジェクト会議で頑張る理由は、僕が社長から認められるためだ。そこ以外に目的はない。**

2ヶ月目に資料を作るとき、僕はある仕掛けを施した。それは、出来の良すぎる資料を作ることだった。どう見ても一人ずつの社員が作っているようには見えない、彼らの能力を超えているような資料だからだ。見る人が見れば、「誰か一人がやっているな」とわかるような資料にしたのだ。

そこまで用意した僕は、店長にお願いした。

「賞金の20万円はいらないから、社長に全部織田がやっていると言ってほしい」

お金が欲しい店長と社長から能力を認められたい僕の思惑は合致し、プロジェクトの考案やプレゼン資料の作成をしているのが僕だということを社長が知ることになった。

そして3ヶ月目の優勝の後、僕は社長から梅田店の副店長に任命された。

梅田での誤算

副店長になってから、僕は折を見て社長に「自分を店長にしてほしい」と伝えていた。今の何もしない店長より、僕が店長になった方が絶対に売り上げを上げる自信があったからだ。

ところが、何度目かの直談判の後、社長に言われた。

「お前のところの店員は、みんなお前が店長になることに反対してるぞ」

正直、それは誤算だった。僕は仕事をしない店長を追い出せばみんなが喜ぶと思っていたのだが、実際は仕事に厳しい僕が店長になるより、今のまま楽して仕事を続けたいと思っていたようなのだ。

僕はミナミにいたときと変わらず、ミスに厳しく、売り上げを上げるにはどうすべきなのかを徹底的に話し合っていたので、それが嫌がられたのだと思う。

自分が認められていないようでショックではあったが、そこで黙ってしまっては自信がないように思われてしまう。僕はすぐに言い返した。

「それはすごくいい評価を得ていると思っています」

みんながそう思うのは、それだけみんなが今楽をしているという証拠であり、厳しい僕が店長になると、楽が出来なくなってしまうことが困るのだ。今の店長がどれだけみんなを甘やかしているかがわかる。

僕はそう話してから、こう続けた。

「みんなが僕に店長になってほしいようだったら、それは逆に僕に能力がない証拠です」

その話に、社長は納得してくれたようで、僕が店長になるという話を前向きに検討してくれるようだった。

しかし、問題は残っていた。

もし僕が店長になったら、これまで一緒に働いてきた社員たちが辞めてしまうかもしれないということだ。社員の中で一番年下であるにもかかわらず、僕は店長に代わって店のすべてを取り仕切ってきた。ミナミの店でやっていたように店のルールを決め、スタッフ全員に徹底させた。店がオープンして4ヶ月ほど。黒服も女の子たちもいい動きが出来るようになってきたところだったのだ。

――今、辞められたら困る。

素がダメ人間の社会的弱者である僕が勝っていくためには、味方となってくれる人は少しでも多い方がいい。

そこで僕は、**店長になったときに部下になるはずの店員たちを誘い食事に出かけた。そして、彼らに自分の熱い思いをぶつけた**のだ。

「俺は現状ではぜんぜん満足しない。もっともっと上に行くから。そしたら、必ずみんなも上に行けるように約束する」

ちょっとした芝居だった。もちろん、本心でもあるのだが、どちらかといえば、**自分は上昇志向のある人間で、みんなのためにも頑張っているんだという姿勢を見せることが目的**だった。それによって彼らを味方に付け、自分が店長になっても働き続けてもらいたかったのだ。

その日から、彼らの働き方が変わった。年下ではあるけれど、副店長の僕を認めてくれ、上司として扱ってくれるようになったのだ。


副店長になって3ヶ月。僕はついに店長となった。

高校を卒業して1年半。僕はまだ19歳だった。

担当店がすごい売り上げに!

僕が19歳で店長になったとき、部下となった男性店員は3人。年齢は29歳、27歳、20歳で、全員が年上だった。

店長になった僕が大きく変わったことといえば、彼らとの接し方だったと思う。

同僚だった彼らは出世争いをする「敵」から、「部下」という可愛がる存在に変わったのだ。店長になってからは、彼らをよく飲みに連れて行き、恋愛相談など他愛もないプライベートの話を聞くようにした。

距離を縮めることで、より強い味方になってくれると信じていたからだ。

だからといって、仕事中に和気《わき》藹藹《あいあい》とした雰囲気を楽しむわけではない。僕は彼らにもいつか店長になってほしい、仕事が出来る男になってほしいと思っていたので、仕事中の彼らにはしっかり店員としての能力を求めた。

距離を縮め仲良くなりながらも、仕事には真剣に打ち込む。働きやすさと働きがいを手に入れた彼らは、明るい表情で働くようになり、働きぶりも格段に良くなった。

僕が普段から遅刻に厳しいことを知っているからだろう。あるとき5分遅刻してきた店員が「やってしまった」と大泣きしたというようなこともあった。

店長になってからは、女の子だけでなく、黒服の男性店員も意識的に褒めるようにした。

「お前の担当の子たち、先週遅刻ゼロやったな。頑張ったな」

「その新しいスーツ、よく似合ってるな」

雰囲気や気分的なものでも褒める女の子と違い、男性店員は数字や目に見える事実で褒めるようにした。**男性はなんとなく褒められるよりも何を褒められているかがはっきりわかった方が、それを受け入れやすい**からだ。

そして、大切なのは、「みんなの前で褒める」ということだ。

これにはいくつもの効果がある。

1つ目は、二度手間にならないということ。一度に全員に認知させることで何度も言わなくて済む。

2つ目は自尊心を高める効果があるということ。一対一の場面で褒めても、褒められた方は「ありがとうございます」というだけで、それほど印象に残らない。それが大勢の前で褒めれば、褒められたという意識が大きくなり、それは自尊心を高め、自己肯定感も高める。

3つ目は、褒められた人以外に対して、どんなことをすれば褒められるのか、理解させることが出来るということ。こんなことをしてこれだけ褒められるのであれば、自分もやってみよう、真似しようという気持ちが生まれる。

これだけの効果があるのだから、人を褒めるときは、なるべく大勢の前で褒めるようにした方が得である。


僕が店長になったことで、店で働く女の子や黒服たちの士気が上がっていったことがよくわかった。みんな、楽しそうに働いているのだ。

僕の経験上、キャバクラは働く人の士気で売り上げは大きく変わる。キャバクラの商品は人だ。売り上げは働く人たちの営業力にかかっているのだ。

店全体の雰囲気が良くなれば、お客様はこの店にもっと居たいと思い、また来たいと思ってくれる。そして、お客様が入れば入るだけ、店のスタッフの気分も良くなる。

梅田店は8卓のテーブルがあるのだが、それまでは全テーブルが埋まるのはピーク時の1時間ほどだった。それが毎日何時間も満席という状態が続くようになった。店内で店員同士がすれ違うとき、「やったね」というアイコンタクトが自然に出るようになっていた。店全体を見渡す僕も本当に気分が良かった。

目論んだとおり、僕が店長になって以降の梅田店の売り上げは右肩上がりだった。

僕が副店長だった頃に比べ、売り上げが3ヶ月で1・5倍、半年で2倍にまで増えたのだ。

主観はぶつかる、数字はぶつからない

店長になってからは3つのルール以外にも徹底させたことがある。

それは、**指示を出すときは数字を交えて指示を出し、数字を交えて受け取る**ということだ。

たとえば、

「グラスの下の方を持ってお客様に提供すること」

という指示を出したとする。ところが新人の店員が、それを実行していない。当然、指示を出した側は注意をする。

「ちゃんとグラスの下の方を持たないとダメだろう」

「いや、僕にとってはこれが下の方ですけど」

これは指示を出した側と受け取った側の「下の方」という主観にズレがあるせいで起こるトラブルだ。主観同士がぶつかっているのだ。

トラブルが起こるときは、必ずこの主観同士がぶつかっている。

正しい指示の出し方は、

「グラスの高さの3分の1以下を持ってお客様に提供すること」

これが数字を交えた指示の出し方だ。指示を出された方は3分の1という数字をしっかり理解して受け取るようにすればいい。

一緒に仕事をしていても、所詮は他人同士。育ってきた環境が異なれば価値観も違う。**主観がぶつからないようにするための共通言語は数字**なのだ。

僕は**経営に主観を持ち込まない**ために、スタッフには数字を交えて話をするよう徹底的に意識付けさせた。

「けっこうお客さん入ってます」

という報告があれば、すぐに、

「けっこうって何人？」

と聞き返した。

「すぐやります」

と言われれば、

「すぐっていつ？」

と聞き返した。

これを繰り返すうちに、主観を交えた報告はなくなり、トラブルも減っていった。


これは今でも続けられていて、僕が代表を務めるスナキャバのKUJIRA GROUPには、「曖昧ワード一覧」というものがある。一覧には多くのワードが掲載されているのだが、一部を例にすると、「すぐ」「徹底」「明日中」なども「曖昧ワード」として掲載されている。

「すぐって、いつ？」

「徹底って、どのように？」

「明日中って、何時まで？」

このように「曖昧ワード」が発せられたらすぐに突っ込んで曖昧なものを明確なものに変えていかなければならない。

「明日中」という言葉では24時まで、と考える人もいれば、明日の終業時間まで、と考える人もいる。受け手によって大きく異なるのだ。

トラブルを回避するためにも、ビジネス上のコミュニケーションは曖昧ではいけない。共通言語である数字を入れ込むことが大切だ。

評価基準は組織適応能力

もちろん、すべてが順調にいっていたわけではない。

店長になってすぐの頃、僕は大きな失敗をした。

少しでも早く売り上げを上げたかった僕は、他の店で働いていた売れっ子の女の子をスカウトし、引き抜いてきた。彼女は一度の来店で大金を使ってくれる単価の高い客を何人も抱えていて、少し働くだけで、他の女の子の何倍も売り上げた。まさにスター級のキャバ嬢だ。

しかし、彼女は当たり前のように遅刻をするし、勝手に帰ってしまうこともしょっちゅうだった。しかし、僕はその子に何も言わなかった。

あれだけ遅刻は悪だ、絶対に許さないと言ってきたにもかかわらずだ。

「今のうちにはこういう子が必要なんだ。こういう売り上げ方もありだ」

と考え方を変えてしまったのだ。

すると、それはすぐに他の女の子たちにも影響した。

売り上げさえ上げればルールを破ってもいい、自分で客を連れて行く日は遅刻をしてもいいというような考え方が横行してしまったのだ。

最悪なことに、そういう行動を取り始めた女の子に僕はこんなことを言ってしまったのだ。

「お前はあの子ほど売り上げてないからダメだよ」

せめて「いくら以上売り上げたら」というように数字を示せればまだマシだったのかもしれないが、曖昧な言葉だけで突っぱねてしまった。

当然、女の子たちはやる気を失い、わかりやすく売り上げも落ち込んだ。その上、もともと気まぐれな子だったこともあり、引き抜いてきた女の子もすぐに辞めてしまったから、売り上げは最悪なまでに落ち込んだ。すべて僕の甘い考えが招いた失敗だった。

それから僕は、どれだけ**能力が高くて実績があっても、組織の枠に入らない人は採用しない**と決めた。失敗から学んだのだ。

これは今もKUJIRA GROUPで徹底している。

スター級の実績のある女の子や、見た目がとびきりいい女の子などは、「なぜうちにくるのか?」という警戒を怠らないようにしている。

さらに言えば、どれだけ条件が合おうとも、その子の格がうちの上限を超えていれば雇わない方がいいと考えている。店で働く女の子たちのバランスが崩れると、全体の売り上げが落ちてしまう恐れがあるからだ。

これが、個人的に高い能力よりも、組織適応能力が大事だという理由だ。

エリアマネージャーへの昇進

19歳で店長になった僕は、すぐに次の狙いを定めた。エリアマネージャーだ。

梅田にはグループの店舗がもう1店あった。僕が店長を務める店が、1年以上ずっと高い位置で売り上げをキープする一方、そちらの店、特に朝の部は業績が落ち込んでいて、グループ内でも問題視されていた。

僕はチャンスだと思った。

業績不振の店の売り上げを上げるため、梅田にある2店舗の朝の部をエリアマネージャーとして僕に統括させてほしいと社長に提案した。

そのとき、僕が求めたのはエリアマネージャーの役割だけで、給料などの条件は今のままでいいと伝えた。まずはエリアマネージャーという立場になることが大事だと考え、お金の問題ではなく、あの店をどうにかしないといけないと訴えたのだ。

さらに本気さを示すため、売り上げが上がらなければ降格してもらっていいと、自分に対するリスクも合わせて提案した。

もちろん、成果を出すことが出来れば、賃上げの交渉もするつもりだった。そのためにも、まずは**立場・役職を手に入れるため、報酬を後回しにした**のだ。

この時点で、会社が損をすることは何もない。社長は僕がエリアマネージャーになることを認めてくれた。

こうして、僕は店長になって1年半で店長やその店舗を管理・指導するエリアマネージャーとなった。

担当するのは梅田にある2店舗の朝の部、2部門。

もちろんその2部門をのんびり指導していこうなどとは思ってはいない。自分が担当し、指導する店をこの2部門から、3部門、4部門と着実に増やしていくつもりだった。

水商売だからこその「けじめ」

エリアマネージャーになった僕が、まず大事にしたのが「けじめをつける」ことだった。

水商売で「けじめ」なんていうと、なんだか怖いイメージがするが、そういう怖い意味ではないので安心してほしい。

ここで大事にした「けじめ」とは、上下関係のこと。この業界には、誰が上司で誰が部下なのかを曖昧にしたまま、馴れあいの人間関係で仕事をする人が多い。

水商売には学歴も年齢も経歴も、本当にいろんな人間が集まってくるから、上下関係がわかりにくい。これをよく言えば「和気藹々と楽しい雰囲気の人間関係」とも言えるが、いざ仕事として取り組み、業績を上げようと考えるなら、水商売には「人間関係が弛《ゆる》みがち」な脆《もろ》さがある。

まだ2部門しか担当のない新人エリアマネージャーだが、すでに書いたように僕は担当店をどんどん増やすつもりだった。そのためにも人間関係を曖昧にしておくことは、今後の快進撃の邪魔になることがわかっていた。

たとえばこれから、僕が10店舗を担当するエリアマネージャーになったらどうなるだろうか？　すべての店舗に自分の考え方ややり方を徹底しようとしても、働いている人間が誰の言うことを聞けばいいかわかっていなければ、現場は混乱するはずだ。

そんなことが起こらないように、**指揮命令系統、つまり上下関係をはっきりさせておく必要がある**のだ。

僕がエリアマネージャーとして担当したのは、もともと自分が店長だった店と、業績の悪い梅田のもう1店の朝部門。

僕が店長を務めていた店の新たな店長には自分で育てた部下を推薦した。彼はとにかく真面目で、何より業務に関する僕の意図を正確にくみ取って働いてくれる男だった。店を任せても安心だと思えた。

問題は業績の悪い店舗だ。

何の因果か、その店の店長を務めていたのは僕がミナミの店から追い出した店長だった。名前はSさん。

ミナミにいた当時は僕が部下でSさんが上司だった。

エリアマネージャーとして、僕がその店に初めて顔を出したとき、Sさんは、

「織ちゃん、出世したな」

と軽い口調で話しかけてきた。へらへらとした表情付きで。

しかし、僕は上下関係をはっきりさせる必要を強く感じていたので、すかさず、

「誰が織ちゃんじゃ？　織田さんやろ！」

ぴしゃりとそう言い返した。僕のそんな態度にSさんは、

「お、おう。せやな」

と小さく返事をし、それ以降は僕のことを「織田さん」と呼ぶようになった。

間違えてほしくないのだが、決して僕が偉いから「さん付け」で呼べというのではない。**上司と部下の関係を明確にすることで、お互い働きやすくなる**からだ。

当時、Sさんは29歳。僕より8つ上だった。僕が小学校に入学した頃、彼はニキビ面の中学2年だったはず。人生においては先輩に当たる人だ。

僕はそんな人を相手に厳しい態度をとって上下関係をはっきりさせることにした。こんなこと、誰でも簡単にできることではないのは知っている。日本人には年功序列の文化や年上の人を敬うことを美徳とするような「空気」がある。しかし、ここは職場なのだ。**はっきりさせなければいけない場所では覚悟を決めなければいけない**のだ。

僕はさらなる上を目指すため、これからたくさんの店舗を増やし、全部の業績を爆上げする覚悟だった。その覚悟があったからこそ、けじめをつけたのだった。

「敵」を「味方」に変える

業績不振の店舗で最初にやったことは、ルールを明確化し、厳しく守らせることだった。

遅刻は厳禁。待機中にスマホで遊ぶことも禁止した。スマホを触っていいのは営業など、仕事の目的の時のみ。それ以外にスマホを使っていることがわかれば没収とした。

このルールは店長を務めていた店のルールより厳しかった。

それには理由がある。

僕の口から全員に伝えたルールを守れるか守れないかは、つまり僕に従えるか従えないかということだ。ルールを厳しくすることで、僕は店のスタッフを天秤にかけたのだ。

反乱分子をあぶり出し、店のルールに従えないのなら、辞めてもらうことにした。こうすることで、店長だったSさんも自ら辞めていった。その代わりに店長代理として、僕が店長だった店から若い社員を1人連れてきた。

彼をすぐに店長にしなかったのは、前からその店で働いていたスタッフに不満を持たせないようにするためだ。余所から連れてこられた若い社員がいきなり店長になっては、彼らの立場もないだろうという配慮だ。

こうすることで、この店の**人事権を握る権力者が誰なのかをはっきり示した**のだ。

そこまでしても、僕に従おうとしない者もいた。

この店で一番売れている女の子だ。彼女は店で働く女の子たちのボス的な存在だった。黒服たちも自分の言いなりに動かせるような子だ。

その子は表面的には僕に従っていた。

しかし、その一方で影でグループトークを作り、

「織田の言うことは聞かないようにしよう」

と女の子たちを煽り、僕を追い出そうと画策していたのだ。

その情報を掴んだ僕は、彼女をクビにするよりも、店のために味方に付けようと考えた。誰よりも売れていて、リーダーシップのある彼女は武器にもなる。前にも書いたが、ないない尽くしの僕が勝っていくためには、強い武器となる味方は絶対に必要なのだ。

あるとき僕は、彼女が僕を追い出そうとしていることなどまったく知らないフリをしたまま彼女を食事に誘った。最初は「忙しい」と断られたが、「時給を払うから居残りだと思ってきてくれ」と、半ば強引に彼女を連れ出した。

僕はまず、自分の弱みを見せることにした。それまでに彼女を見ていて、彼女が突然やってきた僕が上からすべてを決めていくことに不満を持っていそうだと思ったからだ。

店を良くするためにいろいろやってみているけれど、うまくいかずに悩んでいると愚痴をこぼしつつ、売り上げの高い彼女の業績を褒め、「どうしたらいいと思う」と意見を求めた。

さらに、店長代理で入れた子を引き合いに出し、

「お前と一緒にあの子を店長にする道筋を作って、店を盛り上げたいと思っている」

と彼女を頼りにしたのだ。

頼られた彼女にしてみれば、**表向きの上下関係はあるものの、気持ちとしての上下関係はフラットになった**ように思えただろう。

子供のいる彼女に自分の子供の写真を見せたりもした。**共感性を高めることで、仲間意識を作ろうと考えた**のだ。

果たして、その効果はあったようだった。

次の日から、彼女は僕の味方として働いてくれるようになったのだ。ボスがひっくり返ったこともあり、彼女に従っていた女の子たちも皆、オセロをひっくり返すように僕の味方になった。

こうして書くと、まるで僕が口八丁で騙して彼女を言いなりにさせたように見えるが、そうではない。僕は本当に彼女の実力を頼りにしていたからこそ、必死になって口説いたのだ。そして、その後の彼女の働きは信頼に値した。

僕はそうしたスタッフたちに、**言葉だけでなく行動でも信頼を示す**ことを忘れなかった。

その店では、僕がルールを厳しくしたことで多くの女の子が辞めていった。一方、僕が店長だった店は好調で、女の子にもあまりが出るほどだった。

そこで僕は、この店に連れてきた店長代理と味方になったボスの女の子を店長だった店に連れて行き、女の子たちの中から一緒に働きたいと思う3人を選んでもらったのだ。他の誰かが選んだ女の子をあてがわれるより、自分で選んだ方が責任感も生まれ、しっかりと面倒も見るだろう。

何より、この2人には、自分にも店のことを決める決裁権があるのだということを感じてほしかった。**店の業績に他人事でなく、自分事として向き合ってほしかった**のだ。

こうしてもともと力のあった2人が頑張ってくれたことで、この店の売り上げは飛躍的に伸びた。

たった1ヶ月で、月の売り上げが、3倍にまで増えたのだった。

お金は評価基準でしかない

エリアマネージャーになって3ヶ月、担当した2店舗2部門の売り上げは高い位置でキープしていた。

そこで僕は、社長のもとに交渉に向かった。実績を出したのだから、正式なエリアマネージャーとしての給料にしてほしいと……。

社長は即断即決で、僕を正式なエリアマネージャーとして認めてくれた。

それにより、僕の給料は店長時代の月35万円から月60万円になった。

その後も好調な売り上げを続けていると、僕はすぐに同じ2店舗の昼の部も担当することになった。2店舗4部門の統括で、給料は月80万円。

朝の部の営業時間は5時から13時。昼の部の営業は13時から21時。僕は毎日16時間以上を働き通した。どの時間も必ずどちらかの店にいて、何かがあれば、もう一方の店に顔を出した。

エリアマネージャーになって2年後、23歳のときには3店舗6部門を担当するようになっていた。新しく担当した1店舗2部門も業績が悪く、僕はこれまでと同様に管理することで、その2部門の売り上げも上げていった。

しかし、給料は4部門のときと同じ、月80万円だった。エリアマネージャーの役職には、給料の上限が設けられていて、それ以上増やすことが出来なかったのだ。

収入という意味では僕に不満はなかった。最低限暮らしていけるだけのお金が貰えれば十分だと思っていたからだ。しかし、自分が努力していることへの評価はちゃんとしてほしいと思っていた。

役職が変わらなければ、会社での評価を表わす数字はお金しかない。会社での評価基準はあくまでもお金なのだ。

3店舗6部門をかけずり回り、休みなく働いているにもかかわらず、その評価は4部門のときと変わらない。僕にはそれが不満だった。

そこで僕は、社長に掛け合い、業績によってインセンティブが貰えるように給料制度自体を変えてもらった。やる気があって、業績さえ残せればお金として評価される仕組みだ。

その後、僕は最大で5店舗7部門の担当をするようになり、多いときは月250万円という給料を貰えるようになっていた。

当時、エリアマネージャーはグループ全体で3人いた。

全員が同じ給料制度の中で働いているにもかかわらず、不思議なことにインセンティブを貰っているエリアマネージャーは僕しかいなかった。

他のエリアマネージャーは基本給だけを手にして満足していたようだ。

エリアマネージャーになると、多くの人が店に顔を出さなくなる。どの店にいつ顔を出すのかも自由なため、どこで何をしているのかがわからない人が多いのだ。

このような人たちは、経営を自分事として考えられていないのだろう。人から与えられた仕事をただこなすだけで、それより上も望まなければ、会社を成長させていこうというような発想もない。

そもそも経営者になる人と雇われているだけの人とでは、マインドが大きく異なる。常に上昇志向をもっている経営者気質の人は自由な時間でも、とにかく成長を考えるが、そうではない人は、自由な時間があると何をして良いかわからず、サボってしまうのだ。

経営者気質ではない人ではインセンティブを手にするのも難しいだろう。

マネジメントは仏、仕組み(ルール)は鬼

僕がエリアマネージャーとしていくつもの店の統括をしたのは27歳までの7年間だった。その間に業績の悪い店を立て直し、好調な店を維持していくために様々なことを考え、いろいろな取り組みをしてきた。

ここからは、そんな取り組みや考え方のいくつかを紹介していく。

エリアマネージャーになって以降、僕は基本的に売り上げが未達でも怒らなければ、逆に達成しても褒めなかった。

僕に7年間付いてきてくれている部下は、僕には一度も褒められたことがないと言っていた。

彼らを怒ったり、褒めたりするのは僕ではない。評価制度なのだ。

彼らは**評価制度という仕組みに叱られ、評価制度という仕組みに褒められている**のだ。

エリアマネージャーになって担当する店舗が増え、そこで働くスタッフの数も多くなったとき、僕は彼らに対する評価制度を構築した。

評価基準をしっかりと定め、目に見えて誰にでもわかりやすいものとすることで、他人からの評価だけでなく、自己評価もしやすくしたのだ。

スタッフ一人一人の**評価をするときは、自分の感情や周りの評判などは一切無視**して、その基準に従って評価をすればいい。

どんなに可愛い部下でも基準に達しないことが続けば降格するし、一緒にごはんを食べたことのないようなスタッフも基準に達すれば店長になれる。

多くの人間を統括する立場の人間は、この評価制度という仕組みをしっかりと作り上げる必要がある。この仕組みに熱を込めなければ、常に褒めたり怒ったりして人を操作しなければならなくなるからだ。

その仕組みがはっきりしていなければ、働く側の士気もいちいち感情で左右されることになる。

マクドナルドを見てほしい。

社長や店長が、

「君はポテトの揚げ方がうまいね！」

と言って褒めることで、スタッフがやる気になり、ポテトの揚げ方が上手くなるという図式であれば、あそこまでの巨大チェーンとして拡大しただろうか？

♪ピロリ　♪ピロリという耳に残る音が鳴れば、アルバイトを始めたばかりの高校生でも、フライドポテトがおいしく揚がったタイミングでポテトを油から揚げることが出来る。

そこに何ひとつ感情を入れなくても、顧客が求めるものを提供させているのだ。

この仕組みこそが、マクドナルドが何万店舗と拡大した秘訣だ。

あなたがもし、部下を褒めていることが多かったり、叱っていることが多ければ、それを書きためていくことをおすすめする。

数が揃ってくると、自分がどんなことで褒めているか、どんなことで怒っているのかが見えてくる。それはあなたが「部下にやってほしいこと」であり、「部下がやってはいけないこと」だ。

これをすることで、あなたが感覚的に部下に伝えてきたことが言語化され、そのままマニュアルとして残していくことが出来るようになる。

それはあなたの経営のための貴重な資産となるだろう。

組織を守るために

水商売の店舗ビジネスは、店長によって大きく売り上げが変わる。

スタッフの営業力によって成り立つビジネスであるため、そのスタッフの士気を高めることが店長の大きな役割なのだ。

業績が悪い店の売り上げが上がらない理由は、すべて店長にあると言ってもいい。

エリアマネージャーとして多くの店舗・部門を統括していたとき、僕は売り上げの悪い部門を担当する何人もの店長に会ってきた。

そして、残念なことにそういった店長はすべて入れ替えている。

しかし、はじめから店長を代えようと思って代えたことは一度もない。はじめは彼らの営業方針を聞き、正すべきところを指摘し、売り上げが上がる方策を指示している。彼らもはじめは言うことを聞き、指示に従ってくれるのだが、すぐに元に戻ってしまう。

こういった店長は変わらないし、変われないのだ。

じっくりと時間をかければ、一から育て直すということも可能なのかもしれない。

しかし、多くのスタッフが働く店でそんな悠長なことはしていられないのが現実だ。トップである店長を育て直す時間も金もない。

そうなると、店長を交代させるしかなくなるのである。

世の中には悪癖を正せない人がいる。

それがもし、自分の腹心の部下だったときにはどうすればいいのだろうか。

そんなとき、どのような判断を下すのか、上司としての力量を試される瞬間でもある。

中国に「泣いて馬謖《ばしょく》を斬る」という故事がある。軍師の諸葛亮孔明が、自分の命に従わず戦で大敗した臣下の馬謖を泣きながら斬罪に処したことから、規律を保つためには愛する者でも、厳しく処分することのたとえとして使われる言葉だ。

会社や店を守るなら、経営者や上司は辛くてもこれをしなくてはならない。

エリアマネージャーとして、僕の担当する店舗が増えていく中、僕にはずっと支えてくれた腹心ともいえる部下がいた。業績の悪い店を立て直す際に彼を店長補佐として配置し、僕の考えを伝えるなど、店長をサポートする役目を主に担ってくれていた。

ところが彼は、自分が偉くなったとでも勘違いしてしまったのか、まったく働かなくなってしまった。指示だけ出し、あとは人任せ。自分は店にいなかったり、遅刻をしたりと店のルールも無視するようになったのだ。

当然、僕は態度を改めるように注意したのだが、厳しい処分を与えることはしなかった。

「お前は特別だと思うからこそ、しっかりルールを守れ」

それでわかってくれると思っていた。

しかし彼も、業績の悪い店の店長たちと同じで、変わることが出来なかった。

あるとき、彼が遅刻して店に現われたという情報が届き、僕は彼に会いにいった。

しかし、そのとき、営業中であるにもかかわらず彼は店にもいなかったのだ。

僕はクビを宣告した。

彼は泣いて謝ってきたが、僕は感情を切り離し、決して許さなかった。

2人の関係をよく知る古くからのスタッフは皆驚いていたが、ここで彼を許してしまえば、盤石なものとしようとしていた組織に亀裂が入ってしまう。それがわかっていたからこその決断だった。

組織を守るためには、時に無情になることも必要だ。

「隣の芝」は見ない方がいい

僕は**良い判断をするためには、情報を遮断することも必要**と思っている。

もちろん、今は情報社会だ。様々な情報にアンテナを張っていなければ、商機を逃すこともあるし、時代に取り残されることもあるだろう。

しかし、今は簡単に情報が手に入るが故に他店舗の情報を気にしすぎたり、同業者の情報に振り回されてしまい、その結果、身動きが取れなくなってしまう人が多いのではないだろうか。それでは結局、商機を逃してしまう。

情報を入れるばかりで何も出来ないのは、無駄な情報が多すぎて判断が鈍るからだ。たとえ動くことが出来たとしても、そもそもその情報は確かなものなのだろうか。ネットで調べて出てくる情報なんてたかがしれている。見栄や宣伝効果を狙った虚飾に満ちた情報がほとんどではないだろうか。そんな情報を鵜呑みにして、そこで得た知識を自身の経営判断に取り入れるようなことをしていたら、大きな失敗を招くこともあるだろう。

僕がそのことを痛切に感じたのは、やはりエリアマネージャーの時代だ。

担当するうちの1店舗の売り上げが急に落ち込んだ。僕はその店に足を運び、何があったのかと店長にその理由を尋ねた。すると、意外な答えが返ってきた。

「このビル、ヤバいらしいんですわ」

近くにできた商業ビルのせいで人の流れが変わり、その店舗の入っているビル周辺から人が減ったという情報がネットに出ているというのだ。そして彼は、同じビルに入っている他の店の店長などとも話し、どの店も売り上げが落ち込んで大変だという情報を入手してきていた。

「それ、本当の話か？」

僕はすぐに同じビルに入る他の店舗の業績を調べた。すると、どの店も売り上げはずっと変わらず好調のままだということがわかった。うちの店長から景気を聞かれたときに、皆、謙遜して、「厳しいですね」「やっとやっとですわ」などと答えていたに過ぎなかったのだ。

彼はネットに出ていた情報を鵜呑みにして、勝手にやる気を失い、「ビル自体がヤバい」というありもしないことを業績不振の言い訳にして、自分がするべきことを見失ってしまった。その結果が、売り上げダウンだった。

ネットで見られる情報に本質はない。

自分で正確な情報を掴めないのなら「隣の芝」は見ない方がいい。

罪を憎んで人を憎まず

エリアマネージャーとして数年が経ったとき、僕が担当する店舗にとても優秀な社員が入ってきた。能力も高く、組織適応能力もある子で、1年ほどで僕は彼に店長を任せた。

ところがある日、その店の従業員から「店長が来ていない」という電話がかかった。遅刻を疑った僕に、その従業員は言った。

「遅刻じゃないと思います。金庫のお金がなくなってます」

いろいろと頭に浮かぶ思いはあったが、僕は自分が今何をするべきなのかを考え、すぐにその従業員に指示を出した。まずは警察に被害届を出すこと。次の店長は営業が終わるまでには決めるから、今日は普通に営業すること。お釣り用の5万円は近くの店舗から借りること。

そして、最後に出したのが一番大事な指示だ。

「金庫が映る位置に防犯カメラを付けるから、事務員に連絡して手配してもらうように」

僕はこんなことが起きてしまう環境に問題があると考えた。

環境に問題があるのであれば、その環境を変えればいい。環境を整備して再発防止をすること以外に会社を発展させる術はないと思っていた。

持ち逃げした店長に怒りが1ミリもなかったと言えば嘘になる。

しかし、怒ってみたところで何かが変わるわけではない。

彼がなぜそんなことをしてしまったのかということも考えた。彼に利を与えることが出来なかったのかもしれないと、一瞬反省したが、それだって意味のないことだ。本当の答えは彼にしかわからない。そんなことに時間と労力をかけても無駄なのだ。

だとすれば、やらなければならないことは1つしかない。

再発防止策を講じて、会社や働く人たちから不安をなくすことだ。防犯対策を万全にすれば、盗られる不安も、魔が差して盗ってしまう不安もなくなり、安心して仕事に集中出来る。

こういうトラブルが起きたときに、「人ってこんなもんか」と諦めて、何の対策もしない人も多い。そういう人は事故の多い交差点で、ドライバーに気をつけて運転してほしいと願っているだけの人と同じだ。

僕は、事故が多い場所なら信号機を付けないとダメだと考える。そうしなければ、安心してその道を進むことが出来ないからだ。

トラブルが起きたときは、人を恨《うら》んだり、悔《く》やみすぎないで次へ進んでいくことが会社や自分のためになるのだと知っておいてほしい。
そして、次に進むときは同じ過ちが起きないように対処することを忘れてはならない。

5 勝目からの『弱者の勝ち方』

『人を褒めるときはみんなの前で褒める』

二度手間にならず、自尊心を高め模範を示せる。いいことずくめの人心掌握術だ。

『経営に主観を持ち込まない』

主観同士がぶつからないように、常に数字を使って話そう。

『組織の枠に入らない人から組織を守る』

どんなに優秀でも組織のバランスを崩すような人は必要ない。

『評価制度をしっかり作る』

理解度が高まれば、上司も部下も働きやすい環境を構築できる。

6勝目

起業のきっかけは「クビ」だった！

社長からの呼び出し

２０１８年秋。

それまでの暑さが嘘のように朝晩が急に冷え込み始めた頃、僕のもとに一本の電話がかかってきた。社長からだ。

「織田、ちょっと話あるから、明日、顔貸してくれるか」

何の話かはわかっていた。

この3年ほど前から、僕は社長に何度も事業を拡大させる提案をしてきた。この会社でなら、もっと手広く事業を展開させて、大阪から近畿、全国だって目指せると思っていたからだ。

最初に提案していたのは昼キャバの拡大だった。

その頃、昼キャバはまだそれほど多くの都市で展開されておらず、大阪以外の都市にも進出するべきだと思っていた。僕は大阪以外の都市の調査もして、事業計画書も作った。最初に狙うのは神戸だった。僕には成功の道筋が見えていた。

しかし、社長は、

「検討するわ」

とだけ言って、のらりくらりとずっと具体的な話を避けていた。

社長は昼キャバを拡大することには興味がないのかもしれないと思った僕は、次にローカルキャバクラの提案をした。これなら昼キャバよりも低い予算で実現できる。

ローカルキャバクラとは、都市部の繁華街にあるキャバクラではなく都会から少し離れたベッドタウンのような、そこそこ大きな地方都市で、その街に働きに来ている人ではなく、住む人をターゲットにしたスタイルのキャバクラだ。詳細は後述するが、今、僕が事業展開しているスナキャバのヒントとなったスタイルでもある。

「面白そうだね」

そう言ってはくれたものの、特に興味がなかったのか、その後、社長の口からローカルキャバクラの話題が出ることは一切なかった。

ちょうどその頃、僕が大阪に出てきた頃に仲良くなった友人が大阪の家を引き払い、地元の兵庫県明石市に戻った。仕事を探しているという彼に、僕はローカルキャバクラを経営することを勧めた。開店資金がないという彼に、僕は多少の出資をしたが、店自体は彼のものだ。

そしてその店は、ローカルキャバクラは当たるという僕の読み通りに大繁盛した。

僕は、それが問題になるとは思っていなかった。経営者は僕ではないし、業務スタイルもグループのものとは違う。それに明石は大阪からも離れている。

しかし、蛇の道は蛇とでも言おうか、僕が出資している店が儲かっているという話が、どこかしらから聞こえてくるようになった。

そんなときに、社長からの呼び出しの電話だ。話はその店のことに決まっている。

お前、クビだから！

翌日の夕方、僕は社長から指定された場所へ向かった。地下鉄日本橋駅構内にある喫茶店だ。

先に来ていた社長に挨拶をして目の前に座ると、社長は僕を睨みつけるように言った。

「お前、何してんの？」

明石の店のことだと理解した僕は、自分は経営者ではなく出資しているだけで、店も遠いし、問題ないのではないかと話した。そして、店の営業スタイルも通常のキャバクラや昼キャバ、朝キャバなどグループの仕事と重なるものではなく、以前に事業展開の相談をして乗ってもらえなかったものだとも伝えた。

それでも、社長は厳しい表情を崩さなかった。

「勝手なことしたな。それは裏切りやろ？」

僕は、そんな社長に問い返した。

「今の会社に、俺のいる意味ってありますか？」

これまで僕は社長にいくつもの事業展開を提案してきた。これまで会社が経営してきたビジネスモデル以外にももっといろんなことに挑戦していきたい、会社を大きくしていきたいと思っていたからだ。しかし、会社も社長も聞く耳を持ってくれず、何一つ採用されることはなかった。

「会社が展開していく気がないんなら、俺がいる必要ないんちゃいますか？」

そう言いながらも、心のどこかでは引き留められると思っていた。僕はそれくらい会社に貢献してきたという自負があったからだ。しかし、次の社長の一言は僕の予想に反していた。

「ほな辞めようか？　織田、今日限りでお前、クビだから！」

結局、話し合いは1時間もかからずに終わり、社長と二人で店を出た。

社長にしてみれば、「辞めさせた」という思いと、「辞められた」という思いの半々だったのではないかと思う。責任は追及しなくてはいけないが、僕を辞めさせるのは惜しいと少しは思ってくれていたと思いたい。

店を出たとき、僕にはクビになった悲嘆も、この先どうしようという不安もなかった。

あるのはただ、**この先の挑戦へのワクワク感だけ**だった。

資金100万円の起業

社長からクビを宣告された僕が最初に向かったのは自分が統括する梅田の店だった。置いてある私物の回収と、会社のパソコンに残された個人的なデータを消去することが目的だ。

店にいたスタッフには簡単な挨拶しかしなかった。僕が辞めることに誰もが驚き、この先の店のことを不安がっていたが、心配しなくても大丈夫だろうと思った。僕が担当した店は、どの店も立派にスタッフが育っていた。長年働くことで得たノウハウや僕の考え方も徹底的に伝えてきたのだから、この先も高い売り上げをキープしてくれるだろう。店には10分もいなかった。

その足で僕は兵庫県西宮市まで移動した。ある物件を見るためだ。

そこは、明石の友人の店が多店舗展開するのに良いのではと、僕が勝手に目星を付けていた物件だった。3階建てのビルの1階、通りに面した物件が空いていた。僕はそこで自分の店を始めようと考えたのだ。西宮なら、僕が働いていたグループの店舗からの距離も十分にあり、迷惑をかけることもない。

物件の入ったビルまで行くと、周辺を歩き、夜の時間帯のエリアリサーチをした。人の流れ、他にどんな店があるのか、店舗の客の入り、営業時間、客層などだ。

一帯を一通り見た僕は、「イケる」と確信した。人の流れも悪くないし、流行っている店もある。自分の戦略通りの店を作れば、同じように流行るはずだと思った。

翌日、クビになって初めての朝を迎えた。もうミナミや梅田の店舗に顔を出す必要もない。**何か行動を起こすのに、会社の決裁を取る必要もない。**そう思ったら、さらにやる気が漲った。

――独立だ。

ただひとつ問題があるとすれば、僕の貯金の額だった。いろいろ集めてみても、店の開店資金に回せるお金は100万円しかなかった。なんでそんなに少ないんだと思われるかもしれないが、もともと僕は独立するつもりなどなかったのだ。当然、独立資金なんて用意していない。安定して給料を貰えると思っていたから、それなりに使ってもいたのだ。

とにもかくにも、その100万円で物件を借り、内装を整え、スタッフも集めなければならないのだ。

心許ない金額だったが、なんとかなると思っていた。これまで自分が手掛けてきた店もうまくいっているし、出資している店も順調だ。

資金はないが、自信はあった。

はじめの一歩

クビになった翌日、僕はすぐに西宮の物件のオーナーに連絡を取った。管理会社は入っているものの、物件に貼られたテナント募集の札ではオーナーの連絡先がわかるようになっていた。そこから僕は、このオーナーは借主《かりぬし》と直接話がしたい人なのだと考え、オーナーに連絡を取ったのだ。

その日のうちに、内覧も合わせてオーナーと会えることになった。

物件はカラオケスナックだった店舗の居抜きだ。とはいえ、僕が始めるのはカラオケスナックではない。スナックの店舗を利用したキャバクラだ。

その物件のオーナーは老後の不動産投資としてそのテナントを持っていた。居抜きとはいえ、中はボロボロでなかなか次の借り手が見つからなかったのだという。

僕は独立したてでお金がないこと、初期費用を抑えたいことを伝え、作ってきた資料を見せて、自分がこれまでどんな店を成功させてきたかを説明した。

そこまでで、オーナーはかなり前向きな姿勢を見せてくれていたのだが、僕はボロボロの店内を見て、ダメを押すように内装の話をした。

「僕がやる店は内装にお金をかけて、かなり綺麗にするんですよ。もしお返しするときは、そのままの状態でお返しすることも出来ますし……」

「綺麗にしてくれるんなら、それはいい話やな」

結局、オーナーは2ヶ月のフリーレントを付けてくれ、初期投資は賃貸契約の初期費用のみで済んだのだった。

オープンは1ヶ月後に設定し、すぐに内装工事と求人を始めた。

オーナーには内装に金をかけると言ったものの、資金の乏しい僕は、壁紙とソファの張り替えだけに済ませた。費用は総額で30万円。誤解のないように言っておくが、決してオーナーを騙したわけではない。開業資金の3割も投じたのだ。これでも、「内装にお金をかけて、かなり綺麗に」した方なのだ。

男性スタッフは、もともと僕の知り合いで、明石の友人の店を手伝っていた男を店長に置いて、それ以外に1人を採用した。

店で働く女の子は求人で10人を採用した。僕が統括していたミナミや梅田で働いていた女の子に声をかければ、喜んで来てくれるし、最初から教育をしなくても済む。しかし、それはマナー違反だ。向こうの店に迷惑をかけることになるし、トラブルのもとにもなる。僕はもとの店のスタッフには一切連絡を取らず、店を始めることも告げなかった。

そして、無事にオープンを迎えた僕は、店を法人化した。

これは最初から決めていたことだった。スナックやキャバクラなどの水商売は個人事業主が多い。僕が働いていたようなグループ店でも、法人化をせず、個人事業の集まりとして営業を続けているところが多いのだ。その方が経営者には何かと都合のいいこともあるのだが、働いている人たちは名ばかりの社員で、雇用契約もあってないようなもの。保険は国民健康保険に入るしかない。

僕は常々、業界の社会的地位が低いと思っているのだが、その原因はこういったところにもあるのだろうと思う。

だから、自分が起業するからには「法人を設立してきっちり納税」するビジネスにしたいと思っていたのだ。

とはいえ、ここにもお金はかけられない。**ネットで調べて、すべて一人で法人化の手続きをした。**

6 勝目からの『弱者の勝ち方』

『不安を楽しむ』

人生をジェットコースターだと思おう。先の見えない不安が楽しめれば最強だ。

『何事も前向きに置き換える』

クビや解雇は独立と一緒。上司抜きに好きなことが出来ると思えば未来は明るい。

『一人で出来ることは一人でやる』

今はどんなことでも本やネットが教えてくれる。自分という従業員はタダで使えるのだ。

7 勝目

スナキャバの発明

スナックの謎

昔から、スナックがなぜ生存できているのかがわからなかった。

厳密にいうと、スナック全般ではなく、年配の女性が客の相手をするようなスナックに多くの客が通っていることが不思議だったのだ。

それでも、現実を見ればキャバクラよりもスナックの店舗数の方が圧倒的に多く、そのスナックの多くが、僕が不思議がっているような店なのだ。

地域密着型で、地元で飲めるのがいいという気持ちはわかる。

そんな気持ちに応えたのが、ローカルキャバクラだろう。巨大な繁華街で一見の客を狙うのではなく、小さな地方都市で地元の常連客を捕まえるスタイルのキャバクラだ。一定の人気があり、地元で飲みたいという客層に支持されている。

それでも、スナックはなくならない。それどころか、最近はスナックを紹介するテレビ番組があったり、スナックに特化した本が売られるようになったりと以前よりも客を集めている。

そこで僕は、スナックとキャバクラを融合させれば流行るのではないかと考えたのだ。

スナックのようなサイズ感の箱で、スナックのような親近感のある接客をする。もちろん、値段だってキャバクラよりは割安だ。そうすれば、それを喜んでくれるお客様は一定数いるはずで、その人たちを常連に取り込むというわけだ。

それにはいくつもの利点がある。

スナックが好きだというお客様だって、相手をしてくれる女性は若い方が嬉しいだろう。現に地域で人気のあるスナックには若いママの店が多い。

自分の住んでいる街で働ける方が楽だという女の子だっているだろう。わざわざ電車に乗って大きな繁華街まで繰り出すのは面倒だというような子だ。

毎日、新規のお客様ばかりを相手にして神経をすり減らすより、顔なじみの常連さんを相手に楽しく接客できるというのも利点だろう。

スナックとキャバクラを融合させた店は当たる。

それは、この時点ではまだ仮説に過ぎなかったのだが、僕はその仮説が正しいと証明するために、もともとカラオケスナックだったという西宮の店舗を借りたのだ。

スナキャバの発明

自分の仮説を証明するためにオープンした西宮の店。

この店が上手くいけば、それを皮切りに同じような店を多店舗展開させていくことを僕は目論んでいた。

しかし、最初の1ヶ月、お客様はまったく入らなかった。入ってもほとんど居着かず、すぐに店を出てしまう。当然、また来てくれることはない。

女の子の給料は末締めの15日払いにしてあるものの、このままではすぐにそれも払えなくなってしまう。

ある程度の苦戦は予想していた。しかし、このお客様の入らなさは想像以上だった。

――俺の仮説、間違っていたのか？

そんな考えも頭を過ぎったが、僕はまだ自分の立てた仮説を捨てることは出来なかった。スナックとキャバクラの融合は必ず当たると信じていた。

それならば、**何か気付いていないことがあるはず**だ。

それから僕は、地域で人気のあるスナックやローカルキャバクラなどを見て回り、研究を重ねた。自分の店に取り入れられる工夫はないか、何か見落としていることはないか、必死に店内やスタッフの動きを見つめた。そのときに店で僕の相手をしてくれた女の子たちは怖かったのではないかと思う。少しも楽しそうにせず、ギラついた目を泳がせているのだから、完全に変な客だ。

しかし、そのことで気付けたことがある。

常連から愛されているスナックには「俺の店」感があるのだ。やってくる常連が皆、そこが自分の店や自分の家であるかのような態度でやってきて、まるで自分の家で過ごすように寛《くつろ》いでいたのだ。

スナックによっては、お客様を迎えるときに「おかえり」と声をかける店もあった。この自分の家に帰ったようなホスピタリティが受けているのである。お客様たちは皆、自分の地元で、自分の家にいるように寛ぎながらお酒やおしゃべりを楽しみたいのだ。

そして、そんな店には共通点もあった。

どの店も雑然としていて、いい意味で「ダサい」のだ。

それに比べると僕の店はどこか小洒落ていて、スナックとキャバクラを融合させるといいながら、ただ店の大きさがスナックになっただけの小さなローカルキャバクラになっていた。

スナックに通うようなお客様にしてみれば、洗練されたスタイリッシュな店より、少し汚れたような雑然とした店の方が寛げるのだ。

もし、そんな寛げる空間があって、スナックよりも近い距離で、スナックよりも若い女の子が相手をしてくれるのであれば、スナックに通っているような人も通ってくれるようになるのではないだろうか。そして、その気軽さにキャバクラに通うような人も来てくれるようになるに違いない、そう思った。

スナキャバの成功

『スナックのような寛げる空間で、手軽に楽しめるキャバクラ』

スナックとキャバクラを合わせて『スナキャバ』だ。

僕はついに求めていた正解を導き出した。

そして、リフォームをしたばかりの店内の内装を再び変える決意をした。今より、ダサくするために。

それまではお客様の少ない時間などに黒服や女の子たちが待機するバックヤードもあったのだが、この工事と一緒にそれもなくした。店に入れば、いつも人で賑わっている。いつ行っても、女の子がたくさんいる。お客様にそう感じてもらうためだ。

さらに、**今まで決してやってこなかったことにも挑戦した。**ビラ配りだ。

これまで、僕がやってきた店ではビラ配りはしてこなかった。もともと一見で遊びに来るお客様が多いため、効果もはっきりしないし、店が安っぽく見えるからだ。

しかし、今度の店はそもそも普通のキャバクラより安い値段設定にしてある。安っぽく見えて当然なのだ。それならば、安っぽく見えるビラ配りをしても問題はないだろう。それに、今度の店は、一度足を運んでもらえれば、また来たくなると思わせる自信もあった。キャバクラよりも50%近く安い料金システムを記載したビラはその最初のステップになるに違いないと踏んでいた。

リニューアルに向けてビラを作ったところで、ついに開店資金が底をついた。あとはもう、信じたことをやり抜くしかない。


道路使用許可を取って、僕は駅前でビラ配りをした。

「スナキャバです！」

ビラを渡した相手にどんな店かと尋ねられたら、突っ込み待ちでそう答えた。

「なんやそれ？」

スナック感覚で楽しめるキャバクラだと説明すれば、多くの人が興味を持ってくれた。

昔の僕なら、ビラ配りなんて「ダサい」と言ってやらなかっただろう。しかし、子供が出来たと知った夜に**弱者が勝ち残るためにプライドを捨てると決めた。**これでお客様が増えるのなら、安いもんだった。

そして、ビラ配りには驚くほどの効果があった。リニューアルして数日、店に来るお客様のほとんどが手にビラを握りしめていたのだ。

ある日、ビラ配りを終えた僕が店に戻ると、店の前にお客様が溢れていた。

何事かと思いながら店に入ると、すべてのテーブルがお客様で埋まっていた。満席だ。さらに、すべてのテーブルで高級シャンパンが抜かれている。黒服や女の子たちが頑張ってくれたのだとすぐにわかった。

僕が店長のもとに近づくと、手の空いていたスタッフがみんな集まってきた。

「社長、やりました！」

そこにいたスタッフたちは、お客様の目も憚《はばか》らずに大きくガッツポーズをして見せた。

僕はそんな彼らに笑って頷き返しながら、多店舗展開に向けて気を引き締めたのだった。

僕が店に立たない理由

最初に西宮の店が上手くいかなかったときでも、僕は店に立つことはしなかった。そのときまでに、僕はいくつもの業績不振の店を立て直してきた。そのときと同じように、僕が陣頭指揮を執り、黒服や女の子に指示を出していけば、確実に売り上げを上げていく自信はあった。しかし、この店でそれをやってしまっては意味がないのだ。

それでは多店舗展開が出来ないからだ。

店舗の数が増えたとき、僕一人ですべての店の指揮を執ることなど出来ない。この店を多店舗展開の1号店とするなら、ここでその雛形を作らなければならない。

そのために僕はオープン時から店には立たず、話も店長としかしないと決めていた。黒服や女の子たちに指示を出し、教育していくのは店長の役目だ。僕が声をかけ、育てていくのはその店長だけだ。

僕は多くの店長を育てて、店舗を増やしていくことを考えていた。

それまでの経験で、キャバクラのような水商売は店長の質で売り上げが大きく変わることを知っていたからだ。

いい店長の店の売り上げが高いのなら、いい店長を育てればいい。

店長を育てることで、しっかりとその店の経営が回り、売り上げが上がるのなら、そんないい店長を増やし、店舗を増やしていくことが出来る。

そして、僕にはエリアマネージャー時代に多くの店長を育ててきたという経験と知識、何よりも自信があった。

その自信を確信に変えるため、西宮の店では最初から店長としか話をしなかったのだ。

当然、彼に伝えたノウハウも誰でも実践できるものだけに絞り込んだ。店長の個人的な資質に左右されるようであれば、多店舗展開は難しい。店長が何十人にもなったとき、僕がその一人一人に合わせた指示を出すことなどできないのだから。

そのノウハウさえあれば、誰でもスナキャバの店長を務めることが出来る。西宮1号店の店長は、見事それを証明してくれた。

今後は、彼をロールモデルとして店長を増やしていけばいいのだ。

7
勝目からの『弱者の勝ち方』

『研究心を持つ』

いいこと、悪いこと。何事にも理由はある。その理由を見つけることが成功への鍵だ。

『やり方は一つじゃない』

一つのやり方に固執せず、そのとき、その場にあった対応をしよう。

『いいものを増やしていく』

何か一ついいものを見つけたら、それと同じものを増やしていくことで成功は近づく。

8 勝目

チェーン展開スタート

2号店のオープン

西宮の店はオープンして2ヶ月目に内装をダサくしたスナキャバとして生まれ変わり、その月には多くのお客様が来るようになった。そして、4ヶ月目を迎えた頃には、売り上げも安定し、ある程度の利益も見越せるようになっていた。

さあ、いよいよチェーン展開だ。

2店舗目を開く場所として僕が狙っていたのは、1店舗目と同じビルにあるテナントだ。おかげ様で1店舗目は大人気で、お客様が入りきらないことも多かった。その取りこぼしをなくすためには、2店舗目を同じビルにオープンさせるのが一番いいと考えたのだ。

同じビルなら、お客様の移動だけでなく、女の子の移動だって簡単に出来る。

ところが、残念なことにそのビルには空いているテナントは1軒もなかった。だったらどうする? 近くにある他のテナントにする? 多くの人はそうするだろう。

だが、どうしても同じビルに2店舗目を出したかった**諦めの悪い僕は、直接交渉に乗りだした**のだ。

同じビルの2階に60代くらいのマスターが営業している静かなバーがあった。1店舗目はビルの1階にあったから、2店舗目にするなら最高の場所だ。

僕はその店に客として入り、酒を飲んだ。店構えを褒めたりしながら、マスターと他愛もない話をした。少し打ち解けてきたところで、あえてネガティブな話題を振る。

「ご時世的にはきつくなってますよね」

「そうやねん。実際、利益もぜんぜん出てへんし……」

打ち解けたあとだからこそ、こうして本音を漏らしてくれるのだ。打ち解ける前からネガティブな話題を振っても身構えられて、本当のことは話してくれない。

「他にやれるとしたら、何をしたいんですか?」

僕はマスターにこれからやりたいことを聞いてみた。もしマスターにバー以外に他にやりたいことがあるのなら、それに誘ってあげれば、店を空けてくれるかもしれない。

「本当はな、もう一回、タクシーの運転手をやりたいねん」

ここまでの会話で、マスターがかつてタクシーの運転手だったことは聞いていた。この言葉に、僕は「しめた」と思った。

「なさったらいいんじゃないですか?」

そこで僕は初めて、自分が1階の店の経営者であることを明かし、今、このビルで

2店舗目をオープンする準備をしていることも話した。

店舗経営をしたことがないような人にはわからないだろうが、実はお店というのは辞めるときにもかなりのお金がかかることがある。一般的な賃貸物件の敷金と同じではあるのだが、店を経営している期間が長ければ長いほど退去時に原状回復などの退去費用が嵩《かさ》んでしまうのだ。何十年も前に収めた敷金では賄《まかな》いきれないことが多く、そのために、店を辞めたくても辞められない店主が多いのだ。

「お店、辞めるのにもお金かかりますよね。今だったら、僕が全部引き受けますよ」

その話に、マスターは食いついてきた。

「退去費用払わんでいいの？」

「もちろん。そのまま家主さんと交渉して、マスターには1円もかからないようにします」

そして、少しでも早く2店舗目をオープンさせたかった僕は、交渉術の一つとして、少しだけ嘘をついた。もう時効だと思うから正直に話そう。どのテナントとも話をしていなかったにもかかわらず、3階のテナントを借りる契約を控えていると話したのだ。

「3階との契約は3日後なので、その気があるなら、明日までに連絡をください」

翌日、マスターは僕に電話をくれた。

その日のうちに2人で管理会社を訪れ、名義変更の手続きをした。結局、僕は家賃以外にお金をかけることなく、2店舗目の契約を結んだのだ。

そして、その店は開店1ヶ月目から利益を出すことが出来た。


狙いを定めてマスターの店に行ったため、まるで僕が口八丁でお年寄りを騙したように見えるかもしれないが、そうではない。

僕は彼のやりたいことを聞き出し、それが出来るように手を貸しただけだ。現に、マスターは今でも僕に感謝してくれている。

昔、父親に言われたことを覚えている。

「詐欺師っていうのは、被害者がいるから詐欺師なんだ」

決していい言葉だとは言えないが、納得のいく言葉ではある。

3店舗と3人の店長

1店舗目に続き、2店舗目も軌道に乗ったことで勢いづいた僕は、すぐに3店舗目をオープンさせるべく動き出した。

場所は西宮、しかも前の2店舗と同じビルの3階だ。

ふたたび同じビルへの出店を考えたのにはいくつかの理由がある。まずは客の取りこぼしを減らすこと。先の2店舗の勢いに乗って、地域の客を根こそぎ持って行こうと考えたのだ。

他店の新規参入を防ぐという狙いもあった。その頃、まだ水商売にも勢いがあり、店舗に空きが出れば、何かしらの水商売が新規参入してきた。地域に圧倒的に強い店があれば、そんな新規参入を防ぐことが出来る。**誰も強力なライバルがいる地域に店を出そうとは思わない。**

3階建てのビルの全フロアに人気の店があれば、その周辺に似たような店を出そうと思うことはないだろう。

そこで、3階のテナントに出店することを考えたのだ。

ところが、2店舗目のときと同様、そのビルのテナントに空きはなかった。

僕は3階にあるボーイズバーに目を付けた。ボーイズバーとは、バーカウンターに入った若い男の子が相手をしてくれる、ガールズバーの男の子版だ。

その店は、ビルの立地がいいにもかかわらずあまり流行っていなかった。

そこで、今回は単刀直入に交渉することにした。

僕は店を訪ねると、オーナーに「ここに店を開きたいから、売ってほしい」と言って、立ち退いてくれるよう頼んだのだ。おそらく経営に行き詰まっていたのだろう。このあとのやりとりの早さには驚いた。

「いくら?」

「200万で出てってくれる?」

「あ、それなら出ていきます」

それで終わりだった。それで同じビルの全フロアに店を出すことが出来た。


同じビルに3店舗目を出したのにはもう1つ理由があった。

店長の育成が楽なことだ。

僕は同じノウハウでの多店舗経営を考えていたので、それが上手くいくかの**実証実験も兼ねての3店舗経営**だった。3人の店長に同じことを伝えるのも、競わせるのも、それをもとにしたフィードバックも同じビルの中に3人がいれば簡単でスピーディだった。

おかげで、店長の育成はスムーズに出来た。

石橋への進出

西宮の3店舗はすぐにまとまった利益が出るようになり、1店舗目オープンから1年半で、初期投資もすべて回収し、完全な黒字状態に入った。

さあ、ここからが本番だ。

西宮はこの3店舗で完成したと考えた僕は、次なるエリアを大阪にある石橋に定めた。駅前には小さな飲み屋街があり、駅から少し離れれば、閑静な住宅街が広がっている。地域密着を目指すスナキャバにはピッタリの街だった。

すぐに**現地へリサーチに出かけた。**

気になった店がどれくらいの売り上げを上げているかを調査するとき、僕はその店が契約している酒屋に目を付ける。どの店も閉店後には店の外に契約している酒屋のカゴや空き瓶が置かれている。それを見て、酒屋に連絡を取るのだ。「契約したいと思っている」と告げると、だいたいの酒屋がその周辺の店でどれくらいの酒が消費されているのかを教えてくれる。酒の量がわかれば、おおよその売り上げの計算は出来る。

予想通り、流行っている店がいくつもあった。人の流れもあり、石橋でなら勝負できると思った。しかしその頃、石橋には居抜きで空いているような物件はひとつもなかった。

「ないんだったら、欲しい物件を探そう」

駅周辺でスナキャバを開くのに立地のいい店をピックアップし、さらにあまり流行っていないような店をいくつか候補にした。そして、その中でも一番駅に近い店に出店しようと決めた。

そこは、４つのテーブルとカウンターがあるだけの小さな店だった。

普通に客として飲みに行き、オーナーだという若い店主と話をした。最近のニュース、長引く不況の話、周辺のお店の話、水商売の難しさと話していくうち、芳しくない経営状況まで聞くことが出来た。

彼は借金をして店を始めたにもかかわらず、経営がうまくいっておらず、悩んでいた。

そこまで話を聞いたところで、僕は自分の正体を明かし、石橋に進出するに当たって、この店の物件を借りたいと思っていると、正直に話した。戸惑う彼に、僕は権利を譲ってもらう代償として２００万円を提示した。

小さなお店の立ち退き料としては破格の値段かもしれない。しかし、話を早くまとめたいならケチらない方がいい。**人は一度断ると断ることが意識付いてしまい、ずっと断り続ける**傾向に陥りやすい。そうならないために、迷いが生じるかもしれない100万円ではなく、即決しやすい200万円なのだ。

自分のやっていることに自信をなくしているときに、いい金額が提示されれば、それに飛びつく人は多いだろう。実際、彼もそうだった。

今までの店主と違ったのは、僕が彼の礼儀正しさを気に入ったことだった。長い時間話すうち、律儀な彼の性格がうちの店長にはハマるだろうと思えたのだ。

そこで僕は、その場で彼をスカウトした。

「うちは仕組みが出来上がっているから必ず儲かる。だから、君を店長にしたいと思ってる」

彼はとても喜んでいたが、僕はそこで厳しいことを言うことも忘れなかった。これはお金が降ってくる話ではない。

「俺は経営に対しては厳しいで。優秀なパーソナルトレーナーは厳しいもんやろ？一緒に厳しい道を歩いて、一緒に成功しような？」

その言葉に、彼ははっきり「はい」と返事をした。

すでに上司と部下の関係が出来上がっていた。晴れて僕は立地のいい店舗と優秀な店長を手に入れることができた。

その店は、オープンして3ヶ月も経たずに軌道に乗った。

その後もずっと店は続いていて、彼は今でも優秀な店長として、僕のもとで働いてくれている。

店長の資質

石橋に進出したあと、その3ヶ月後にはもう1店舗を石橋に出店させた。

独立して2年弱で僕が経営するスナキャバは5店舗になった。

その5店舗にはそれぞれ店長がいる。

僕が店長に選んでいるのは、**規律が守られることで売り上げが上がる**ということを理解している人だ。仕組み化して、誰でも店長になれて、売り上げを上げられると言っても、規律を守ること自体が仕組みの一つとなっているのだから、そこを理解していないと店長は務まらない。


水商売を経験するうちに体感的に学んだことだが、**人が働きやすい、よく働ける環**

境を作るためにはルールを作り、それを徹底して守ることが大切だ。

すでに書いたが、「あいさつをしっかりする」「綺麗な姿勢を保つ」「遅刻厳禁」という、誰にでも出来ることを徹底的に守らせることで、規律を作るのだ。

その際、人によって解釈が変わるのはトラブルのもととなるので、たとえばあいさつであればお辞儀の角度までをマニュアル化するなどして、それを徹底させた。

野球でいえば、ユニフォームを着ることの方がヒットを打つことより大事なのだ。ユニフォームを着ずに、組織の一員であることを理解していない選手は、自分の好き勝手なことをしてしまうだろう。それでは、チームが勝つことは出来ない。

売り上げを上げることよりも前に、規律を守らせる。

それが守れることで初めて、売り上げを目指せる組織になると僕は考えている。

店長は規律の重要さを理解し、スタッフに対して徹底的にそれを守るように指導していかなくてはいけない。

一方で、店長がルールを守らないこともあるだろう。

僕の店では、それを抑止できるシステムも作っている。ホットラインだ。

すべてのスタッフが直接事務に繋がるホットラインを持っていて、いつ、どんなときでも連絡が取れるようになっている。

もし、店長がルール違反をしているときはすぐに報告できるシステムだ。


あるとき、そのホットラインが鳴った。西宮の1号店で働く女の子からだった。

店に黒服が誰もおらず、お客様の送り出しも出来ない状態だという。

報告を受けた僕が急いで店舗へ向かうと、店長を含めた黒服たち全員が厨房で酔いつぶれていた。その日の売り上げが自分たちの考えていた大台を超えたことで祝い酒をしたらしい。

その店の平均的な売り上げの4日分ほどの金額だ。彼らがどれだけ頑張り、どれほど嬉しかったかはよくわかる。だが、ルールはルールだ。ルールを守れないのなら、売り上げなんていらない。

「そんな売り上げだったら、1円もいらんねん」

僕がそう言うと、店長たちは自分たちがどれだけ頑張ったかを訴えてきた。しかし、僕はそれから1週間その店を臨時休業にした。

水商売を見てきた僕が言えることの一つに、**すぐ潰れる店の共通点として、短期的**

な売り上げしか見ていないということがある。

一方で、中長期的な視点のある店は店を守っていくためのルールがあり、それを売り上げに左右されることなくしっかりと守っている。

1号店の売り上げが大台を超えた日、店長たちがルールを破っても、僕が売り上げが良かったんだからそれでいいと思ってしまったら、店はいつか潰れてしまう。

店舗ビジネスでは自転車操業的な資金繰りをしている店も多く、日々の売り上げに一喜一憂しやすい。しかし、**店舗ビジネスこそ、中長期的な視点を持たなければならない。**

今日が良ければそれでいいなんていう考え方をしていたら、半年後には店がなくなっているかもしれない。

人は自分が死ぬほどかわいい

ここからは、僕が店長を教育していく上で、よく話していることを紹介したい。水商売だけでなく、他の多くのビジネスでも役立つ考え方でもあるので、参考になればと思う。

『知らない国の人が1億人死ぬか、自分の顔に一生取れないでかいイボができるか。2つのボタンのどちらかを押さなければいけないとしたらどっちを押す？』

これは、人の気持ちを知るためのとっておきの秘訣になる質問だ。

店長が増えるにしたがって、スタッフとの付き合い方に悩む店長も増えてくる。そんなとき、僕はこの質問をする。

即答で自分のイボを選べる人は少ない。大抵の人が本気で悩む。1億人の命とたかがイボを天秤にかけられるのだ。

人はそれくらい他人に興味がないし、自分がかわいい。

経営者や人の上に立つ人間はその心理を知り、逆手に取らないといけない。

自分がかわいいのは誰だって同じだ。

人の上に立つ人だって自分がかわいい。だから部下である人間が上司にただ「自分のことをわかってほしい」と思っても、それだけではわかってもらうことは出来ない。

部下だって、自分がかわいい。上司が勝手に「あいつは自分を慕《した》ってついてきてくれる」と期待していても、その部下にとってはあなたの命より自分のイボの方が大きな問題だ。

それを忘れてはいけない。

だからこそ、**相手の視点で物事を考えなくてはいけないし、相手が何を大事にしているのかを理解しないと、相手は動いてくれないことを知るべきだ。**


人は相手が自分に興味を持ってくれていると勘違いしやすい。

そういう僕も自分が勝手に好かれていると勘違いをして痛い目に遭ってきた。

それを戒《いまし》めるために、今でも多くの人に冒頭の質問をしている。

人の動きや考え方を知りたいとき、その人が自分のことを一番かわいいと思っているんだという視点で見てみると、これまでと違った見方ができることがある。その人の真理が見えてくるのだ。

僕は多くの店長にこう伝えてきた。

「誰もお前には興味はないよ。お前が興味を持つんだよ」

こう考えるだけで、人付き合いも楽になって上手になるのだ。

こんな飲み会はいらない

昨今、飲み会は必要か不要かという論戦が目立つ。

僕は店長たちにこう伝えている。

「組織を壊す飲み会はいらない。遊び方を知らないなら部下とは遊ぶな」

飲み会はあってもいいが、無礼講はダメだという考え方だ。

飲み会の席で、上司はついつい部下の無礼講を許しがちだ。

「せっかく楽しく飲んでるんだし」「こうして飲み会に参加してくれてるし」「どうせ飲みの席だから」など、自分に言い訳をして、一線を越える部下を許してしまっている上司が多い。

スナキャバが拡大し始めた頃には、僕の店の店長たちにも無礼講を許す風潮があった。飲むのは構わないし、部下とプライベートの時間を共有するのもいい。

ただし、上下関係はしっかりと保たないと、緊張感のない関係性になってしまう。

そうなると、仕事での態度も緩みがちになり、結局大変な思いをするのは上司だ。

僕はよく飲みに行く。

だが、どんなに楽しく部下たちが盛り上がっている場でも上下関係は一切崩さない。**小さな油断が、組織を崩壊させる綻びになる**ことを知っているからだ。

店長たちにも、上下関係を保つことが出来るなら飲みに行ってもいいし、出来ないのなら飲みに行かない方がいいと伝えている。

モチベーションの操作は必要なし

多くの人間が働いていれば、元気のない人やモチベーションが下がっている人がいることがある。そんなとき、根本的な原因や仕組みを探らずに、元気を出すように声をかけたり、悩みを聞いてあげたり、その場しのぎ的に解決しようとしていないだろうか。

朝キャバの店長時代、僕はそういった声かけが得意だったこともあり、かなりの頻度でその場しのぎ的な声かけで、スタッフのモチベーションを操作しようとしていた。しかし、それでは店長の個人的な資質によって売り上げが左右されてしまう。どんな店長になったとしても売り上げを上げていくのだったら、個人の資質に頼っていてはいけないはずだ。

もし、元気のないスタッフがいたら、元気を出すように声かけをするのではなく、元気のない**原因を探り、その原因を仕組み化で取り除かなくてはならない。**

エリアマネージャー時代にそのことに気がついた僕は、店長がスタッフのモチベーションを操作しなくてもいい仕組みを作り上げてきた。

たとえば、その店舗で彼氏のことで悩む女の子が多発したとする。これを恋愛相談などのその場しのぎではなく、仕組み化で解決するにはどうするのがよいと思われるだろうか？

採用面接の段階で「彼氏に理解のある女の子しか採用しない」ようにすればいいのだ。もちろん、すでに悩んでいる子たちの解決にはならない。しかし、店全体で見れば、彼氏のことで悩む女の子の割合は次第に減っていき、モチベーションが低くなる子の割合も減るはずだ。

独立後のスナキャバでは、モチベーションを上げるための仕組みも導入した。

全店舗の女の子を売り上げ順にランキングし、それを店の更衣室に貼り出したのだ。しかも、上位にランキングインすればボーナスも支給される。店長の声かけや食事への誘いがなくても、女の子たちが自分で意識し、勝手にモチベーションが上がっていく仕組みだ。

女の子が何かでひどく落ち込み、病んでしまうことがある。それでも、そこに共感し、立ち直らせるような声かけはしなくてもいい。店は精神科ではないのだ。もし、その子が仕事にならないレベルまで落ち込んでいるのであれば、その状況がなくなるまで出勤を止めてもらえばいい。辛い中で無理に働くのではなく、十分に休養を取って、やる気が戻ってから出勤してもらえばいい。そういった割り切りも、ある意味では仕組み化と言えるだろう。

仕組み化された方針を店が採用していれば、女の子も無理して出勤せず、堂々と休養を取れるのだ。

チェーン展開をスタートさせた頃の話からはズレてしまうが、店舗ビジネスの仕組み化の話を1つしたいと思う。

僕は今、いくつかの会社のコンサルタントも引き受けている。そのうちの一つにキャバクラを営業する会社があり、社長から相談があった。

ある店舗で働く女の子たちにモチベーションの低い集団がいて、これをなんとかしたいというのだ。その店舗の女の子たちにはいくつかのグループが出来ているのだが、中でも20代前半のグループのモチベーションが低く、その店の売り上げの多くは20代後半の女の子たちのグループによるものだという。

社長はこれまで、20代前半の女の子たちにもっと売り上げを上げてもらおうと食事に誘ったり、毎日声をかけたり、メールをしたりといろいろなケアをしてきたのだが、どうしてもモチベーションアップには繋がらないのだという。

「そんなケアは一切しなくていいですよ」

僕は社長にそう伝えた。代わりにやることは1つだ。

「今後、求人には『25歳以上』と書いてください」

売り上げの上がらない部分を必死にケアするより、売り上げを上げている部分に目を向け、そこをその店の特色、強みにしていった方が生産的だ。

20代前半の女の子たちの売り上げが上がらないのは彼女たちのモチベーションの低さもちろんあるのだろう。しかし、その逆も考えられる。彼女たちが頑張っても、もともとその店に来る客の好みが20代後半の女の子に集中していれば、頑張っても売り上げには繋がらず、どうしてもモチベーションは低くなってしまうからだ。それは彼女たちのせいではない。お客様にハマらない女の子を店に置く仕組みのせいだ。つまりは店の責任だ。
女の子のパーソナルな面だけではなく、店の立地や店内の雰囲気によって、お客様から指名される女の子の年代や好みも変わってくる。いくつかの店舗を持っているならば、その店の個性に合わせた女の子の配置も考えるべきだ。それが店の個性となり、さらなる売り上げアップに繋がる。

経営者や上司など、人を動かす立場にある人は個人の資質に頼ったり、個人の資質ではどうにもならない部分に力を入れなくてもいいよう、1つの問題があったら、それに直接働きかけるのではなく、原因を探り、仕組み化していくことを考えてほしい。

8

勝目からの『弱者の勝ち方』

『道は自分で開く』

弱者には選べる道が少ない。簡単に諦めずに自分で道を作ることを考えよう。

『百聞は一見にしかず』

気になったものは実際に見てみよう。見ることで初めて気づくことは想像以上に多い。

『人は自分がかわいいものだと知る』

相手の視点でものを考えないと、その人はあなたのためには動いてくれない。

『仕組み化で問題解決を』

その場しのぎの解決は解決ではない。原因を探り、仕組み化で根本的な解決を。

9勝目

コロナ直撃

コロナで売り上げ大打撃

僕が多店舗展開をはじめ、石橋での2軒目をオープンさせた頃、世界中を震撼させるニュースが広がっていた。新型コロナウイルス感染症の流行だ。

2019年の末ごろから世界中に広がりを見せ、年明けには国内でも感染者が出たが、僕はまだ遠い場所での出来事だと思っていた。

しかし、2月になり国内での感染者が増え、初めての死者が出ると、空気は一変した。街から人が消え始めたのだ。国が緊急事態宣言を発出したのはその年の4月だったが、企業ごとの外出自粛は2月ごろから始まっていた。

5店舗すべてで売り上げががた落ちした。

それまで、すべての店で売り上げがよかったこともあり、僕は守り無視で攻め続けていた。売り上げが出たら次の店の出店資金に回して、店舗を増やすことをしていたのだ。当然、手元のキャッシュはほとんどない状況だ。

そこに、コロナがやってきた。

店の収支は赤字に転落した。

3月にはなんとかなるだろうと期待していたのだが、3月はもっと絶望的な結果となった。それでも下を向いてはいられない。僕はなんとかやっていこうと、社員のみんなを引っ張って頑張っていた。

しかし……。

3月29日に志村けんさんが亡くなった。

そのニュースを聞いた瞬間、それまで他人事だった新型コロナウイルスが急に自分事になった。それまでの僕は新型コロナウイルスのせいで売り上げが減少することがあっても、どこかで「なんとかなるだろう」と思っていた。

僕は志村けんさんを直接知っていたわけではない。それでも、自分がよく知っている人の命が奪われたことがショックでならなかった。そんなウイルスが拡がっている中で、赤字が続く経営を続けていけるわけがない。

「もう無理だ」

そんな言葉が口をついて出た。

攻めるだけじゃなく、守りもしっかりしておくべきだった。これだけ頑張ってきたもの、積み上げてきたものが一瞬でなくなるのかと思ったら涙が出てきた。

それから2時間、僕は泣き続けた。

これからどうするのか

志村けんさんが亡くなったことを知り、新型コロナウイルスの猛威によって、今まで築き上げてきたものが失われてしまうかもしれない。そう思った僕は2時間泣いた。しかし、その2時間のおかげでとてもスッキリした。今、自分が何をするべきなのか、見えてきたのだ。

心理学界の巨匠アルフレッド・アドラーの教えをわかりやすくまとめたベストセラー『嫌われる勇気』（106頁参照）。

その中に三角柱の話がある。三角柱の側面にはそれぞれ言葉が書かれていて、普段は、2つの側面に書かれている文字しか見えない。その2つが「悪いあの人」と「かわいそうな私」だ。多くの人は何かを語るとき、このことばかりを語ろうとする。しかし、人が語るべきなのは3つめの側面に書かれた言葉「これからどうするのか」なのだ。

人がどれだけ「悪いあの人」について同意を求め、「かわいそうな私」を訴えても、それは本質的な解決にはならない。たとえ話を聞いてくれる人がいたとしても、それは一時の慰めにしかならない。人は「これからどうするのか」を考えていかなくてはいけないのである。

このエピソードにとても納得していた僕は、この3つの言葉を紙に書き、壁に貼っていた。そして、普段から「これからどうするのか」「自分はどうすべきか」を考える癖を付けるようにしていた。

新型コロナウイルスの猛威によって追い込まれ、「もう無理だ」と泣いていたとき、そんな自分を俯瞰して見つめるもう一人の自分がいた。そして、そのもう一人の自分はこう思っていた。

「『悪いコロナのせいで、かわいそうな自分』になりきろうとしていないか」と……。

僕は両親の離婚のせいでかわいそうな自分になりきり、引きこもった中学生のあの時の自分じゃない。今は守るべきものがある。

そして、アドラーの言葉を思い出したのだ。

考えなくてはいけないのは「これからどうするのか」だ。

そのときの僕の事業は運営に回せるキャッシュがないだけで、事業自体はうまくいっていた。ある程度のお金さえあれば、今後も事業を拡大させていくことが出来るという自信もあった。ならば、お金を手に入れればいいのだ。

『どっかからお金が降ってこないかな』

紙にそう書いたあと、ロジックツリーを書きながら具体的に考えた。

必要な金額は1億円。1億円あれば、さらに店舗展開できる。コロナという雨に降られているのは自分たちだけではない。みんなに同じように雨が降り注いでいるのだから、1億円という傘を手に入れられれば、チャンスに変えられるはずだ。

では、どうやって手に入れる？

業界的に融資は難しいが、投資ならどうだろうか。僕の事業に興味を持ってくれた資本家に投資をしてもらうのだ。まだやったことはないが、それならいけるかもしれない。

投資をしてくれるのは誰だ？

ないない尽くしの僕にはもともとそんなに強いコネクションがあるわけではない。知り合い？　知り合いには同じ業界の人が多い。皆、コロナで苦しんでいて人に投資をするような余裕はないはずだ。ならば知り合いの知り合いに頼るしかない。

そこで僕は知人である顔の広い優秀な経営コンサルタントに連絡を取った。

これから人を紹介してもらおうとしているのだ。お金に困っているとは言えない。そこで僕は「すごいことを思いついたから、出資してくれる人を探している」と話した。

「お金持ちを紹介してくれたら恥はかかせない」

お金に困っていることを伝えなかっただけで、嘘を吐いたわけではない。スナキャバの仕組み自体は「すごいこと」だと思っている。その仕組みに投資をしてもらうのだから、彼を騙したわけでもない。もちろん、投資してくれる人がいれば、その人にだって損はさせないつもりだった。

そして彼は、僕にある1人の実業家を紹介してくれた。

出資者の理解

最初のコンタクトはLINEだった。

僕は紹介してもらった実業家にLINEで自分のビジョンを送り、コロナ禍の今を店舗拡大のチャンスだととらえているので、一度話を聞いてほしいと付け加えた。

すぐに、「一度、会いましょう」という連絡が来た。第1段階クリアだ。

1億円という大金を投資してもらおうと考えているのだ。僕はすぐにしっかりとした事業計画を作り、**その人や、その人が作った会社のことを徹底的に調べ、勉強した。**その人がどのように事業を大きくしたのか、その人がどういう考え方を好むのか、その人にはどんな交友関係があるのかなどだ。

しかし、最初に会うことが出来たのは、その実業家の部下で、右腕のような方だった。本人にプレゼンができないのは残念だったが、まずはこの人をクリアしなければ、次のステップには進めない。

資料をもとにいろいろと説明させてもらったのだが、話は過去の売り上げ実績など形の残る数字ベースのものに終始した。まずは、ちゃんと売り上げの立つビジネスであるかを確認しに来たのだろうと思った。どこの何者ともわからない人間に投資をしてもいいかを判断するのだから当然だろう。僕が逆の立場でもそうする。

正直、興味を持ってもらえたのか自信がなかった。このままでは、本人にプレゼンをする前に話が流れてしまうかもしれない。そんな不安に駆られた僕は、部下の方に許可を取り、ＬＩＮＥのグループトークを使って、直接本人に事業計画を送らせてもらった。

「自分の口で、直接説明させてほしかったです」

するとすぐに本人から電話が入り、僕はスピーカーホン越しに今考えているビジネス展開の方法と計画をプレゼンした。コロナ禍での影響も尋ねられた。正直、ピンチだったが、これ以上ないチャンスだと捉えていると伝えた。周りが弱っている今こそが勝負のタイミングなのだ、と……。ものはいいようだと思う。

そして、その実業家は僕の話を気に入ってくれた。

「僕が会社を大きくしていったときと考え方が同じだよ。イケるんじゃない？」

その後、年齢を聞かれた。

「29歳です」

「若くていいね」

そして、詳しい話をするために、後日、自宅に伺う約束を取り付けた。

スナキャバ展開の肝は出店する立地の条件と、サービス提供の低価格。そして、低投資と仕組み化によって店舗を増やしていきやすいということだ。彼はこの事業の本質を見抜き、可能性を感じてくれたのだ。

プレゼン終了後、家に帰った僕は先ほどまで話していた実業家のフェイスブックをチェックした。するとそこには驚きの一文が記されていた。

「若きキャバクラ経営者に1億円投資することを決めた」

もちろん、まだ正式に決まったわけではない。だが、この一文は、僕に事業が大きく展開していく未来を見させてくれた。

これは、**志村けんさんが亡くなって僕が大泣きした2日後の出来事だ。**

投資と麻雀

1億円の投資が決まれば、会社は大きく動き出す。

その前に、社員の気持ちを確認しておきたかった僕は、全社員を集めた。

コロナによる不振が続き、僕の会社には暗い雰囲気が漂っていた。特に社員は「この先どうなるのだろう」という不安と戦っていたはずだ。この状況でなら、それぞれの本音が聞けるだろうと思った。

そこで僕は希望退職者を募った。コロナ不況はいつまで続くかわからない。それでも、僕は今まで通り、店舗を拡大させていきたいと思っている。このコロナの状況こそ、多店舗展開のチャンスだと捉えている。そんな僕についてきてくれるのかどうかを社員に問うた。

僕の考えについて行けず、辞めたいという人間がいても当然だ。そういう社員がいれば、その考えを尊重し、送り出してあげようと思っていた。もし、希望退職者がいなければ、これがみんなの気持ちを一つにする約束の場になるだろうとも思っていた。

そして、退職を名乗り出る者はいなかった。みんなが僕についてきてくれると言ったのだ。これまで一緒にやってきて順調だったのだから、絶対になんとかなると思ってくれていたのだ。

みんなが僕を信じてくれていた。

その嬉しさを噛みしめながら、僕はそこで発表した。

「もうすぐ大きな投資がある。1億円の投資が決まりそうだ」

社員みんなが大喜びだった。その姿に、コロナには負けないと思えた。


数日後、投資の話を進めている実業家のお宅にお邪魔した。見たこともないような大豪邸だった。数ある部屋の中には麻雀ルームもあった。その豪華さに彼が麻雀が好きなんだということがよくわかった。

「織田君、麻雀ってやるの?」

「大好きなんですよ。時間あったら、麻雀しかやってないです」

嘘だった。それまでの人生で麻雀に触ったこともなかった。嘘というより癖に近い。これは職業病かもしれない。

僕の仕事はお客様に楽しんでもらうことが一番の目的だ。**人が楽しそうに話をしていて、それに同調を求められたとき、それをわざわざ「知らない」「やったことない」などと否定するのは無駄でしかない。**そんな風に答えれば、話はそこで終わってしまう。

それならば、多少オーバーにでも同調しておいた方がいい。もしかしたら、その場で知らないことがバレてしまうかもしれない。そんなときは、素直に「盛り上げようと思って、そう答えてしまった。今度教えてください」と言えれば、それはそれで場は盛り上がる。盛り上げようとした気持ちが伝われば、怒られることはまずない。

同調した上で、**必要ならば勉強をすればいいだけ**だ。

実際、このときもすぐに連絡が来て、1週間後に麻雀をすることになった。それから僕は、徹夜で麻雀を打ち続けた。とにかく実践を繰り返し、必死に麻雀を覚えた。

そして1週間後、僕はその実業家との麻雀で勝つことが出来た。勝てたら真相を話そうと決めていた。

「織田君て、麻雀どれくらいするの？」

「実は嘘を吐いてました。今日が初めてなんです。お近づきになりたい一心で趣味だと言ってしまいました。今日のために勉強してきました」

彼は驚き、感心してくれた。

これは仕事でも同じことが言えると思う。やったことのない仕事を振られたときに、やったことがないからと断ってしまえば、その仕事は他の誰かに流れるだけだ。そこで怯《ひる》まずにその仕事を受けてしまえば、相手に迷惑をかけないように頑張るしかない。それは仕事を得ることと同時に自分の成長にも繋がるのだ。


この麻雀のおかげかどうかはさておき、僕は無事、その実業家から投資を受けることが出来た。

この出資を受けたおかげで、会社の経営は安定した。

そして、多くの飲食店が潰れていくコロナ禍の中でも、僕のスナキャバは出店を続け、現在では7つのエリアに、12店舗を展開している。

9 勝目からの『弱者の勝ち方』

『これからどうするのか？』

悩んだら、「どうすべきか」を必死に考える。そうすることで次の一手が見えてくる。

『スピード感を持って行動する』

事に当たるときはスピード感を持つ。早く失敗すれば、早く立ち直り、何度も失敗できる。

『やったことがないことにも挑戦する』

やったことがないからと断ってしまえばそこで終わり。必要ならば勉強すればいいだけ。

10勝目

目指せ！
水商売初の
FC展開

☑ FC展開をする美容室

自分が店舗を増やしていくようになると、町中で見かけるチェーン展開のお店の存在が気になるようになった。コンビニ、ファストフード、カフェ、居酒屋、ドラッグストア、クリーニング店……。

そんな中でもずっと気になっていた美容室があった。

その美容室はある時期から急激に店舗が増え始め、気がつけば全国的にチェーン展開されていた。

なぜ、こんな勢いで拡大できるのだろう?

どうやって全店舗をマネジメントしているのだろう?

いろんな疑問が湧いてきた。

僕がチェーン展開する美容室が気になるのにはわけがある。

僕はずっと、美容室とスナックやキャバクラなど接客サービスを売る水商売は似ていると思ってきたからだ。

美容室は日本にある店舗ビジネスの中で、もっとも事業所数の多い職種だ。そして、スナックやキャバクラの数も多い。どちらもコンビニよりも多く存在するのだ。

どちらの事業も個人の資質に頼る属人的な部分が多く、それで売り上げが左右してしまうところも似ている。

さらに言えば、数が多く個人の資質によるところが大きいため、上手く経営できていないお店が多いというのもよく似た部分だ。

その美容室チェーンについて調べると、その会社の社長は経営に自信を失った美容室オーナーのもとを回り、経営の上手くいく自分のビジネスモデルを提供することで、多くの美容室をＦＣ（フランチャイズ）化させていったのだという。

僕は、このモデルがスナキャバに活かせるのではないかとずっと思っていたのだ。

そんなとき、偶然にも僕はその社長と会う機会に恵まれた。僕の会社に投資してくれた実業家が間を繋いでくれたのだ。

話をしてみると、その社長はとてもロジカルで頭の良さを感じさせた。ビジネスに対しても冷めた目線を持っていて、ビジネスを現実的に組み立てている感じがとても勉強になった。

そのときまで、僕が経営するスナキャバはすべて直営で展開してきた。しかし、拡大させていくスピードが遅く、ＦＣ展開もあるのではないかと考えていた。

だが、どうやってオーナーを見つけ出し、集めていくのかがどうしてもわからない。

僕が素直にそのことを社長に尋ねると、こう教えてくれた。

「セミナーを開くといいんですよ」

セミナーに参加して、少しでも経営を学ぼうとしている人の多くは、経営が上手く回っていない店のオーナーだというのだ。その中には、自分でもっと頑張っていこうと思う人と、ＦＣに加盟して新たな道を模索する人もいる。セミナーでの社長の話は、今後も経営を自分で頑張っていこうとする人にも役立つ話だが、もう1つの選択肢として、ＦＣの仕組みに乗っかって、経営を回していく方法も提示するのだという。

この話を聞いたとき、これはスナキャバにも活かせると思った。

そして僕は、スナキャバのＦＣ展開を考え始めた。

スナキャバのＦＣ化

スナキャバのＦＣ展開を考え始めたのは独立して3年が経った時分だった。

その頃、僕の経営するスナキャバは、周りからは短期間で大きく広がっていると言われるが、僕自身は展開が遅いと感じていた。

そもそもスナキャバに適したローカルエリアでは、いい店舗はなかなか空かないし、一から物件を探して、一から人を集めることも大きな手間だった。

石橋の小さなバーをスナキャバに変えたように、今ある店に自分たちのノウハウを入れていく方が展開を早められる。すでに箱を持っている人にスナキャバをやってもらえればいいと考えたのだ。

そう、つまりはＦＣ化だ。


これまで、スナックやキャバクラなどの水商売ではＦＣ展開はなかった。

その大きな理由が、運営をマニュアル化できていないことにあった。多店舗展開できている店も、結局は社長の資質によって成り立っているのだ。属人的なところから抜け出せていないので、ＦＣ化のメリットもないし、そもそも個人の力量に頼っているので広げていくことが難しい。

しかし僕は、その頃すでに10店舗以上のスナキャバを仕組み化したマニュアルによって運営し、どこも高い売り上げをキープできていた。

コンサルタントとして他の店の相談に乗ることも多く、自分の店のマニュアルに合わせて指導をすると、どの店も売り上げが上がっていた。

そのことでわかったのは、マニュアルの確実性だけでなく、経営の相談に来るようなオーナーは自信を失っていて、こちらの指導をしっかりと聞き、動いてくれるということだった。

僕はスナキャバのFC化は成功できると確信した。

経営に自信を失ったオーナーは、今やっているお店をスナキャバにするだけでいい。ノウハウはすべてこちらから提供する。

展開のスピードを速くするために、加入費や月額のFC料も固定化する。

今、何かしらのお店をやっていて、経営が上手くいかずに困っているオーナーが加入すればすぐにスタートできて、売り上げを上げていくことが出来るという仕組みだ。

そして僕は、**FC化にともなう目標を立てた。**

1エリアに1店舗。

目指すは100店舗だ。

スナキャバのマニュアルとKPI

複数の店舗を経営している今、店に行かなくてもその店の状況がわかるように、すべての店の状況をあらゆる角度から数値化している。このKPI（重要業績評価指標）は、朝キャバでエリアマネージャーをしていた時代に感覚的に掴んだことを、独立後に数値化したものだ。

KPIはマニュアルと直結していて、この数字が下がっているということは、マニュアルのこの部分が徹底されていないということが一目でわかるようになっている。変動している数字によって原因がわかるという仕組みだ。

たとえば、働いている女の子、在籍キャストが少ないという問題が数字に表れているとする。原因として考えられるのは、離職率が高いか、求人が出来ていないということだ。この2つの数値を比べて、離職率の方が低いのに在籍数が少ないのは、求人がうまく出来ていないからだとわかる。

求人の大元となる母数は問い合わせ数だ。そこから面接、採用と数が減っていく。もし問い合わせ数から面接までの数字が極端に落ちているなら、受付対応に問題があると考えられる。それがわかれば、受付対応を実際に視察し、良くないところを指摘し改善する。

それを丁寧にやっていくと、どこのどんな部分を見られているかがわかるので、店長は自ずと、気をつけなければならないポイントがわかってくるのだ。

店舗には10個ほどのＫＰＩがあり、その数値によってマニュアルが守られているかをチェックしている。

「売り上げは上げるものではなく、上がるもの」

今も言い続けている言葉だ。

売り上げが下がるのはマニュアルが守られていないことが理由だ。マニュアルにちゃんと従えば、自ずと売り上げは戻ってくる。

売り上げを上げる鍵を握っているのは店長だ。店長がマニュアルを遵守し、スタッフにそれを守らせることで売り上げは上がっていく。

そして、店長のモチベーションを高く保つ方法も仕組み化している。

スナキャバはビジネスモデルが成立しているので、店舗ごとに席数や単価などで、「売り上げはこれくらいだろう」という基準がはっきりしている。

その基準を超えたらAランク、さらに超えたらSランクと店をランク付けし、店長の給料はそのランクによってスライドする仕組みだ。

売り上げを上げたい店長は、KPIを自分で見て、それに合わせて力を入れるべきマニュアルを理解し、実践していけばいいのだ。

仕組み化は店長のため

現在採用しているマニュアルには、僕がキャバクラのエリアマネージャーとして働いていた頃の経験が多く活かされている。

エリアマネージャーになったとき、それまで僕が店長だった店の売り上げが落ちた。それをカバーしようと、その店に多くの時間を割くと、今度は別の店の売り上げが落ちた。次にその店をカバーすると、また別の店の売り上げが落ちる。そんなことが続いた。

はじめはそんな状況に妥協できず、統括しているすべての店で僕が店長の仕事をしている有り様だった。とにかく店長たちに、自分の持っているノウハウを伝え、実践してもらうことで売り上げを確保していった。

しかし、それではエリアマネージャーとして統括していく店舗数が増やせない。自分が現場にいなくても店が売り上げを上げていけるようになるにはどうすればいいかと考えた僕は、店長たちに伝えている**ノウハウを紙に書き、整理していくことで、マニュアル化**していったのだ。

そのマニュアルをスナキャバに当てはめ、バージョンアップしていったものが、現在使っているマニュアルである。

このマニュアルには売り上げを上げるために徹底して守るべきノウハウが書かれている。

しかし、その多くは店長やボーイなどの黒服に向けたもので、キャストである女の子へ向けたルールは少ない。

接客についてもほとんど教えていない。

女の子は基本的に話し好きだ。そもそも人と話すのが嫌いな女の子は客相手の水商売に応募してくることはないから、話し方について教えることもない。

ただ一つ、自分の膝を相手の膝に付けるようにして話をすることだけはマニュアル化している。自分の足とお客様の足とソファで三角形を作る形だ。これが出来ていないと、お客様が女の子から嫌われているように感じてしまうからだ。

女の子がそれを実践しやすいよう、ハード面も仕組み化している。ソファの大きさだ。多くの店が使用するソファを店内のレイアウトで決定し、発注しがちだが、KUJIRA GROUPのスナキャバでは座る距離で発注する。わざと小さいソファを用意するのだ。これなら、女の子の気持ちに関係なく、お客様との距離が近くなり、店長がいちいち注意しなくても済むようになる。


女の子のやる気もマニュアルではなく仕組みで上げている。

前の章でも少し触れたが、女の子の売り上げのランキングを『Kリーグ』と称して、KUJIRA GROUP全体で作り、上位の子をSランク、その下をAランクとランク付けして、全店舗の更衣室に貼っている。

ランキング下位の子が上位を目指そうというやる気アップに繋がることもあるが、Sランクの子がそれを維持しようと頑張る効果の方が期待できる。

この仕組みは、女の子たちの売り上げを上げようと店長が必死に煽らなくてもいいようにと考えたものだ。店長の仕事をいかに減らせるかを考えていくのが僕の、つまりFC本部の仕事であり、それをマニュアル化している。

一番大事なのは出店戦略

スナキャバの成功には、店舗運営のためにマニュアルを徹底するという戦術的な面も大切だが、実は戦術よりもハード面である戦略がより重要となってくる。店の立地、動線、価格設定というハード面での戦略が勝負の8割を決めるといってもいい（もちろん、残りの2割であるマニュアルを無視すれば、勝機は0になってしまう）。

立地としてはまず、そこに市場があること。

スナキャバは地域密着のローカルに出店するのだが、それが何もない地方では困る。飲みに行こうとするお客様がたくさんいて、それを受け入れる飲み屋街が開拓されていることが重要だ。さらに、開拓してきたお店が弱ってきていればベターだ。出店しやすいだけでなく、勝ちも見えてくる。

お店の動線にもいくつか条件があるのだが、店内が賑わって見えることもその一つだ。KUJIRA GROUPのスナキャバは店舗の広さに比べて働いている女の子の数がかなり多い。狭い店で女の子がたくさんいるとお客様は得した気分になる。いつ行っても女の子がたくさん働いていて、店が盛り上がっていればリピートしてくれるお客様の比率は高くなる。

価格設定はもはや破壊的だ。

エリアの競合店に比べてほぼ半額というセット価格になっている。そのエリアが1時間6000円のセット料金が相場なら、KUJIRA GROUP のスナキャバは3000円で勝負する。広い店舗にラグジュアリーな装飾を施した箱にお金をかけているキャバクラと比べ、箱にお金をかけていないスナキャバは安価でもやっていけるのだ。

店舗の小さいスナキャバは平均すると、日商30万円ほどの商売だ。週に1日の定休日があって、月商にして600〜800万円。利益率は20％ほどで、月商700万円を超えれば30％ほどになる。

店長の給料は最低でも30万円。店が繁盛すれば80万円ほどになるビジネスだ。

店舗で一番大事な仕事は「仕入れ」

女の子が接客をする水商売で一番大事な仕事は、どんな女の子を採用するかということだ。寿司屋でいえばネタの仕入れに当たる。

店が繁盛するかどうかだけでなく、ここを失敗すれば店を壊すことにも繋がる。

当然、採用面接は厳しくマニュアル化されている。「この仕事が出来る子か」「店に合うか」などを見分けるフィルタリング方法があるのだ。

さらに、面接はすべて動画に撮っていて、店長たちのグループトークで共有されている。黒服がしっかりと面接できているかのチェックとともに、女の子の採用の合否を決定するためだ。チェック体制を強化しなくてはいけないほど、採用は大事なのだ。

採用の重要性は、コンサルタントをしているお店の社長にもよく話している。

そこでは、**「組織は腸内細菌みたいなものだ」**と伝えている。

組織は2割の善玉菌と、6割の日和見菌、そして2割の悪玉菌に分けられる。強い悪玉菌さえ採用しなければ、2割の善玉菌を可愛がることで、6割の日和見菌も善玉菌になっていく。

一方で、悪玉菌が善玉菌に変わることはない。だからこそ、しっかりと面接することで、なるべく組織内に悪玉菌を入れないようにすることが大切なのだ。

では、採用を避けるべき悪玉菌とはどんな女の子のことなのか?


基本的に容姿の美醜は問わない。

避けるべき悪玉菌は、人の評価よりも自分の評価を重視するような子で、何よりも自分の存在意義を大切にしているような子だ。経験者で、

「私はあの店ではいくらもらっていた」

などと主張する子にはこの手の悪玉菌が多い。

自分が一番かわいくて、傷つきたくないために味方を作り、共通の敵を作ろうとする。大抵は店の運営側である黒服を敵にする。傷つきたくないから自分を守るためのエネルギーも強い。

強い悪玉菌が入るとそれは伝染し、それまでは普通の日和見菌だった女の子までもが悪玉菌化してしまう。

恐ろしいことに、水商売ではこんな悪玉菌の子の方が活躍し、目立つ傾向にある。

売り上げも上げてしまうから、経営者によってはそんな悪玉菌を可愛がってしまうのだ。

しかし、彼女がかわいいのは自分だから、店の規律など守らない。気がつけば店全体を腐らせているのである。

採用面接を注視し、悪玉菌となる自己主張の強い子を省いていけば、お店はいい状態で保てるようになる。

10 勝目からの『弱者の勝ち方』

『目標は明確に掲げる』

目標は具体的に立てて、宣言しよう。自分を追い込むことで目標に近づけるはずだ。

『マニュアルの作り方』

人に伝えたいことを紙に書いて言語化し、整理していけばそれがマニュアルになる。

『組織は腸内細菌』

善玉菌もいれば悪玉菌もいることを知ろう。悪玉菌を見抜いて対応していくことが大事。

11 勝目

憧れのジラフを手に入れる

憧れのジラフが自分のものに

僕がかつて働いていた朝キャバは大阪ミナミの宗右衛門町にある。大阪の飲み屋街の中心地、東京でいえば新宿の歌舞伎町のようなところだ。

そして、その店の前には僕が働きはじめた頃は建築中だったビルがある。そのビルはやがて完成し、クラブとしてオープンした。

それが、日本最大級、知名度なら日本一といってもいいクラブ『GIRAFFE JAPAN（ジラフ・ジャパン）』だ。

僕が人生で初めて行ったクラブもこのジラフだった。

毎日、朝キャバの小さな箱をいっぱいにすることばかりを考えていた頃で、大勢の人を呑み込む巨大な箱に圧倒された。世の中にはこんな商売もあるのかと興奮したことを覚えている。当時の自分には縁遠い、大きなビジネスだった。

夜には入場待ちの多くの人が期待に満ちた顔で行列をつくり、朝には興奮冷めやらぬ多くの人たちが吐き出されていく。その様子はまるで大阪ミナミの象徴のようで、憧れの存在だった。

僕の頭の中には、いつもそんなジラフの姿があった。ジラフの眩しさと遊びに来るお客様たちから放たれる熱を思い出すといつも胸が熱くなった。

スナキャバ100店舗という大きな目標に向かって挑戦を始めたばかりということもあり、自分の中に生まれた野心や推進力をおさえることが出来なかったのかもしれない。憧れのジラフを思い出し、**僕の冒険心にさらに大きな火がついた。**

――俺があのジラフを手に入れることは出来ないだろうか？

ジラフには影響力のある人も多く集まる。もし自分が経営者になれば、その人たちと繋がって、自分も有名になれるかもしれない。そんな下心丸出しの想像をして心が躍った。大きな出資を受けたばかりで気が大きくなっていたのだと思う。

しかしすぐ、冷静になった。もう1人の自分からの激しい突っ込みが入ったからだ。

――スナキャバの経営者ごときがあんな大きな箱の経営ができるんかい！

自分の中の自分の鋭い突っ込みにもかかわらず、僕はそれにも疑問を抱いた。

――本当に出来ないのか？

もちろん、スナキャバとクラブは箱の大きさが違うだけだなんて思いはない。それでも、**求められているものを提供してお客様に楽しんでいただくという商売の基本は変わらない**と思った。

何より、**自分の経営に対する考え方が他の業種でも通用するのか知りたかった。**スナキャバのFC展開100店舗に挑戦するのだったら、日本一のクラブの経営に挑戦してもおかしくないのではないか。ビジネスモデルが確立すれば、クラブだって全国展開させることが出来るかもしれない。これは馬鹿げた夢物語などではないと思えた。すぐにスナキャバに投資をしてくれた出資者に連絡を取り、協力してくれるよう彼を説得した。はじめは反対していた彼も最後には後押ししてくれた。

僕はそこから、ジラフの経営者に連絡を取った。もともと朝キャバ時代の社長が知り合いだったこともあり、すぐにコンタクトが取れた。

ジラフの経営者に会えたとき、僕はこうお願いをした。

「お金を払うので、運営のノウハウを教えてほしい」

ジラフを所有する権利はお金で買うが、運営はお任せしたいという意味だった。僕がジラフのすべてを買っても、素人の僕にいきなりクラブ運営が出来るわけがない。それでは、ジラフを楽しみに遊びに来てくれる多くの人を悲しませることになる。そこで、僕が経営者となるが、業務委託というかたちでクラブの営業を続けてもらうという形だ。

この方法なら、オーナーが変わるだけで、ジラフは存続し、ジラフのことが大好きで遊びに来ているお客様も行き場を失うことはない。

その後、僕はこの話を1ヶ月でまとめ上げ、無事に契約を結ぶことが出来た。

2020年4月。

ついに憧れのジラフを手に入れた。そして僕は、ジラフの経営にも次々と変革を起こしていくことになるのだった。

いきなりの休業と止血策

憧れのジラフを手に入れて、僕が有頂天でいられたのは最初の3日だけだった。

そこからは地獄が続いていた。

コロナはどんどんひどくなっていき、毎日、消えていくお金の額を突きつけられる日々だった。

明日にはきっとこうなる。来週にはこうなるはずだ。コロナが終息し、景気が上向いていくだろうという希望的観測はことごとく潰えていった。

そして、2回目の緊急事態宣言。ついに街から人が消えた。

結局、僕はその流れに抗《あらが》うことが出来ず、購入してから3ヶ月で、ジラフを臨時休業することに決めた。ジラフの社員には、スナキャバで働いてもらいながら糊口《ここう》を凌《しの》いでもらうしかなかった。

それでも、いつまでもそのままというわけにはいかない。何か策を講じる必要があった。

もともとジラフは、1階に広々としたエントランスがある以外、地下1階から4階までの全フロアがクラブというとても贅沢な造りになっていた。しかし、コロナによってお客様が入らなくなり、固定費ばかりが嵩み、それがもとで大きな赤字となっていた。

僕が買ったとき、ジラフはすでに出血をしている状態だったのだ。これ以上、傷口を広げないためには、すぐに止血をする必要があった。

そのためには、どうすればいいのか？

一番のネックは固定費だ。この固定費をどう削減するか？

同じような巨大な箱を抱えながら、うまくいっているところはないかと考えた僕は、デパートの発想に行き着いた。大きな箱の中にいくつものテナントを入れることで、そこから収入を得るというビジネススタイルだ。この手法を使えば、固定費を減らすことは出来る。

しかも、話題の人気店を入れることが出来れば、新たなお客様を取り込むことも出来る。

社員の中には反対意見もあった。全フロアがクラブであることがジラフの売りであり、ブランドなのだから、それを守るべきだというのだ。その気持ちは良くわかる。

しかし、そうやって**カッコばかり付けていてジラフ自体が潰れてしまっては意味がない。**

そして休業から2ヶ月後、僕は、ジラフの一部にテナントを入れることを決めた。

これは、他にはない、新たなクラブの形だ。

リニューアルオープンは8月。そこへ向け全力で動き出した。

新生ジラフ

2020年8月、『GIRAFFE JAPAN』は『GIRAFFE RESORT（ジラフ・リゾート）』として生まれ変わった。一つの施設でいろいろなエンタテインメントが楽しめる、玉手箱のようなビルとなったのだ。

お客様を迎え入れる1階と2階には、コロナ禍の中でもお客様を増やし続けていた人気の飲食店に入ってもらった。1階のスタンディングバーも、2階の韓国料理店も出店してくれるよう、僕が直接口説きに行った。

どちらの店にも、今後、似たようなビルを全国展開させるつもりでいると話した。その1店舗目として試してほしいとお願いしたのだ。

メインフロア以外には特色のあるクラブを入れた。

地下1階はディープなファンの多い「4つ打ち」に特化したクラブを入れ、メインフロアとは違う客層を取り込むようにした。

3階に入れたのは箱貸しのようなスタイルのクラブだ。大きなパーティを仕切れる人に依頼をして、ラテンパーティやK－POPパーティなど、様々なイベントを開催してもらうのだ。ここは基本的には人を集められる週末にしか営業しないため、平日はスタッフの人数を減らすことが出来る。

4階の一部は外国人向けのエリアとした。店内の表記も外国語を増やし、店員の3割を外国人スタッフにした。クラブには一定数の外国人客がいるのだが、周辺には最初から外国人向けに作られたクラブがなかったからだ。若年層や金持ちをターゲットにしたクラブは周辺にあり、そことの**戦いを避けるという、勝ちにこだわった戦略**の結果だ。

新生ジラフは、成功とも言えるスタートを切った。かつてのような活気はまだまだ戻っていないが、毎月大きな利益を生んでいる。

このコロナ禍の中でもブランドにこだわり、派手な演出で営業して巻き返しを図ろうとするクラブがある。その多くが失敗しているにもかかわらず、クラブ経営者にはプライドの高い人が多く、派手なことを止められないのだ。

それに比べれば、新生ジラフはビルの中でお金を産んだり、無駄な支出を減らす仕組みを施した持久戦の様相を呈している。派手好きなクラブ経営者から見れば地味な姿かもしれない。

それでも僕は、今は堪える時期だと思っている。

新型コロナウイルスの影響はまだまだ本当の終わりが見えたわけではない。**最後に生き残ったものこそが勝ちなのだ。**

ジラフを経営する意味

『スナキャバは算盤で、ジラフは浪漫』

まったく違う業種の経営をしていることの理由を聞かれたとき、こう答えることがある。

スナキャバで現実的に稼いだ金をジラフの夢に注ぎ込んでいるという意味ではない。スナキャバとジラフの経営、僕はどちらもある程度の成功を収めたと思っている。スナキャバは今後１００店舗の展開を目指し、ジラフも同じような形態のクラブビルを全国展開させたいと考えている。ジラフはその先に上場も視野に入れている。

しかし、スナキャバが解き方のまったく同じ知恵の輪なら、クラブは形の違う知恵の輪が何個もあるイメージだ。クラブは統一したフランチャイズパッケージとして成功させることは不可能で、一店舗一店舗、その地域の成功パターンを見つけながら広げていかなければならない。完成形がないことが難しく、そこがおもしろいのだ。

僕にとってはどちらも挑戦だが、冒頭の言葉は計算通りに進められるスナキャバという挑戦と計算が立たないクラブという挑戦を表わして使った言葉だ。

2022年10月から、ジラフでは店長をお客様の投票によって決めることにした。ジラフには店長以外に幹部が3人いるのだが、僕がいないときの緊張感がないこともあり、総選挙をすることで、それぞれが頑張りを見せてくれるであろうと考えてのことだった。

『ジラフサミットボリューム1』と銘打ち、クラブらしくイベント化までしている。格闘技の大会のように煽り映像を作って公開もした。

そのVTRの最後には、ジラフでは店長を決める選挙が半年に一度あり、誰でも立候補が可能なことを伝えている。

「次の店長はあなたかもしれない。優秀な人材求む！」

そのVTRの中で、僕は今後のジラフについて語っている。

まずは売り上げを大阪で一番にすること。そして、この人事制度で優秀な人と優秀な仕事をして名古屋、東京と日本の主要都市全部に展開すること。さらにはアジアにも展開していくこと。

お客様の前でそう公言し僕の挑戦は続いていく。

11 勝目からの『弱者の勝ち方』

『憧れや挑戦も忘れない』

負ける戦いは論外だが、勝ち筋があるなら憧れや挑戦が原動力となることもある。

『どんな仕事も本質は同じ』

相手に求められるものを提供して喜んでもらうという仕事の基本は忘れてはならない。

『ゴールを見誤らない』

本当に目指すべきは何なのか？　独りよがりや自己満足になってはならない。

『堪え忍ぶことも必勝法』

今は堪える時期だと思ったら、我慢して堪え抜くことも必要。その先に「勝ち」がある。

僕の生きる意味

――自分が生きる意味は何なのか？

子どもの頃から、時折そんなことを考えてきた。

どれだけ頑張ってお金を稼いでもあの世には1円も持っていけない。どれだけ体を鍛えてもいつかは衰える。どれだけ勉強をしてもいつかは忘れる。

どうせ大したことは出来ないし、何か大きなものを残せるわけでもない。自分のような普通の人間は、そこそこ生きて、そこそこで死ねばいい。ずっとそう思ってきた。

その考えがスパッと変わったのは、子どもが生まれた瞬間だ。

自分の中にある何かにとてつもなく大きな火がついた。

とにもかくにも食わせないといけないという使命感、少しでもマシな生活をさせてあげたい気持ちが自然と生まれてきた。今は自立して大人になっても面白く生きていってほしいと強く願っている。

今も、あの時ついた火が消えることはない。

これは欲というより使命感といったほうが近いかもしれない。
『自分の大事な子どもに少しでもマシな人生を送ってほしい』
この使命感のために、僕は日々、猛烈に働いている。

僕が生きている時間なんて、地球の壮大な命のリレーの中ではほんの一瞬、瞬きするほどの時間でしかない。それでも、そのバトンリレーの中で、次の世代を思い、少しでも良いバトンを繋いでいきたいと思っている。
それが僕の生きる原動力であり、人生の終わり際に、いいバトンを渡せたと思って死ねれば満足やな、と思っている。

おわりに

僕はまだ起業4年目の31歳だ。もしかしたら、この本を手に取ってくれた人よりも若輩の身かもしれない。きっと僕より大きな仕事をしている方もたくさんいることだろう。

僕自身、自分の書いた文章がこうして本になることに未だ半信半疑でいる。ジラフで声をかけられたのがきっかけだった。誰かから僕がスナキャバとジラフを展開させていることを聞いた出版社の人が、本を書かないかと声をかけてきたのだ。

僕は、金もコネも学歴もなかったから、ただ真面目に取り組んできただけだった。だから「僕を本にしても面白くないですよ」と伝えたのだが、真面目じゃないと読者の参考にはならないと言われ、なるほどと思い本の依頼を受けることにしたのだ。

僕の両親は僕が中学2年のときに離婚した。僕は母のもとで育てられたが、父にも時折会っていた。

母は僕が幼い頃から、「やられたらやり返せ」と子供に教え込むような人だった。

それでも、なかなかやり返すことが出来なかった僕だったが、あるとき、友達に叩かれてついにやり返したのだ。そのことで学校に呼び出された母は、僕の前で先生に必死に頭を下げていたが、その帰り道、僕に向かってニッと笑うと「やるやん」と言ってくれたのだった。

また、あるときはたとえ僕が人を殺したとしても、「怒りはするけど味方やで」と言ってくれた。

どちらも、僕を全肯定してくれたようで強い安心感に包まれた気がした。僕はこの言葉を母からのプレゼントだと思って、今も大切に心の奥に仕舞っている。

父からもらった言葉にも大切にしているものがある。それは本書でも触れた、「詐欺師っていうのは、被害者がいるから詐欺師なんだ」という言葉だ。

父はこの言葉をたとえ相手を騙しても、相手から感謝されれば罪にはならないという意味で僕に話してくれた。多くの人と言葉で交渉することの多い今、僕はこの言葉を肝に銘じ、相手の気持ちに立ち、相手のためになることを話そうと心がけている。

僕はこの本で、弱者としてどのように勝ち、どのようにお金を稼いでいくかを記してきた。

もちろん、お金は大事だ。でも僕はこうも伝えたい。

「金ごときで悩むな！」

「金ごときで死ぬな！」

実は僕は過去にお金で大きな失敗をしている。24歳のとき、他人の甘い事業計画を信じて投資した3000万円を失ったのだ。

僕はそのとき、自己破産が1日で出来るということを知った。どうせ1日で出来るのだったらいつでも好きなときに自己破産したらいいと思った。そうやって先延ばしにしているうちになんとなく生活が落ち着いて、普通に暮らせるようになったのだ。自己破産なんていつでも出来る。そんな腹のくくり方一つで、生きていけるのだから、「金ごときで死ぬな！」と、何度でも伝えたい。

そんな僕は今、スナキャバ100店舗計画をばく進中だ。

この物語の続きはYouTubeチャンネルORITA JAPAN-弱者の勝ち方-で密着しているからぜひ追っていってほしい。

特別授業

社長を目指すあなたのために

この特別授業では、実際に水商売ビジネスを経営するかたわら、店舗ビジネスコンサルタントとして、いくつもの会社の経営相談にも乗っている僕が、日頃から経営や社長業に対して思っていることを伝えたいと思う。

あなたの会社はあなたの城でしょ？

あるとき、コンサルタントとしてラウンジ経営者の相談に乗った。

「部下のモチベーションが上がらない。きつく言ったら辞めていくし、褒めても本気にしてもらえない。経営課題に踏み込みたいが変化を嫌う部下に拒まれる」

彼は性格が優しすぎるあまり、スタッフや部下に気を使い、言いたいことも言えず、やりたいことも出来なくなっているのだ。

優しいことは悪いことではない。だが、経営者は優しいだけでは務まらない。その優しさで会社を潰してしまえば社員の職を奪うことになるのだ。

言葉はきついが、こういう社長が会社を潰してしまうのだ。

社長の仕事は利益を残すことであり、部下の機嫌を伺うことではない。

社長が利益のために「これは正しい」と判断したことは、遠慮せずに社員にぶつければいいのだ。それが嫌なら社員には会社を去る権利だってある。

逆に、利益が残らなければどんなに部下から慕われていても、その部下のことも守れない。

「あなたの会社はあなたの城でしょ？」

僕は彼にそう伝えた。

経営者は一国一城の主だ。みんなの意見を聞いたとしても、最終的な決定は経営者が下さなければならない。自分が最善の策だと考えているのなら自信を持って断行すべきなのだ。その結果、それが奮わなければ責任を取ればいいし、うまくいったときには社員からの信頼はより高まる。

何よりも腹をくくる覚悟が経営者には必要なのだ。

そこから、その経営者は次々としなければいけない決断が出来るようになり、それに合わせて会社も大きくなっていった。

不安ってなに？

「社長は不安になること、ないんですか？」

僕の会社に勤めて3年になるAが尋ねてきた。

Aはとても優秀で、オペレーションの習熟度と誠実さはグループで一番だ。3年間一度も遅刻したこともなければ、ルールから逸脱したこともない。

ただ、Aには抱えている不安があった。

父親でいることのプレッシャーや将来のビジョン、過去のトラブルで清算しなければならないこともある。

それらの不安で押しつぶされそうになることがあるらしい。

「もちろんあるよ。Aと同じようにいろんなことで不安を感じながら生きてるよ」

そう答えた上で、僕は自分がどのように不安と向き合っているかをAに話した。

僕は不安を不安のままで終わらせない。

不安は、ネガティブな状況に対して何をすればいいかわかっていないから不安のままなのだ。

何をすればいいかがわかっていればそれはもはや「不安」ではなく「課題」だ。

やるかやらないかは別として、不安を不安のまま放置せず、何をするべきかがわかるくらいまで「明確にする」ことが大切だ。その結果、やらなくていいと思えるようなことであれば、死ぬまで放っておいたらいいのだ。

「勝つこと」こそがゴール

「いつか新地にもスナキャバを出すの？」

多店舗展開をしているおかげでそう聞かれることがある。新地といえば、メジャーリーグのようなものだ。勝つことが難しいのに、多くの人が実力がなくても店を出したがる。

しかし、僕がスナキャバを新地に出店することは一生ない。勝てないことがわかっているからだ。僕は「勝つことこそがゴール」だと思っているから、そもそも勝てると思った勝負しかしない。

子供の頃は、自分より身体の大きな子とはケンカもしなかったし、水商売を仕事に選んだのだって、何もない自分でも他の業界よりは勝てると思ったからだ。

自分は天才ではないし、何も持っていないけど、勝ちにはこだわる。

だから後出しじゃんけんで勝つ。

トレンドにいきなり飛びついたりすることも絶対にしない。しっかり情報を掴んで、勝ち筋が見えて初めて挑戦する。慎重に慎重を期すから挑戦とも言えないかもしれない。

新しい業態に見えるかもしれないが、スナキャバだって後出しじゃんけんだ。日本に何十年と続くスナックという業態を進化させただけだ。だから僕には勝ち筋が見えていた。

数ヶ月前、とても能力の高い子が入社してきた。彼は店長になることを焦っていた。あるとき彼は、今の店長が尊敬できないから、尊敬できる店長のいる会社に移ろうと思っていると言った。僕とは真逆の考え方で理解できなかった。

「なんで勝とうとしないの?」

店長が尊敬できないということは、店長のダメな部分が見えていたり、自分の方が勝っている部分があると思っているからだろう。

「だったら、勝って店長になったらいいやん。勝つ奴は誰かに引き上げてもらうのを待つんじゃなく、最初から勝とうとする。お前は勝ちにこだわってない」

その言葉に、彼も勝ちにこだわるようになっていった。自ら考え、行動し、そしてついに、自分の力で店長の座をつかみ取った。

彼は今も、店長としてバリバリ働いてくれている。

ハッタリをかまし続けた人生

基本的に僕の頭の中はネガティブだ。人類の進化からみても人間の脳はネガティブに考えるようにできているのだと思う。

ポジティブな記憶は生存していく上ではさほど重要ではない。この森には虎が出る。天気が悪いと家が流される可能性がある。ネガティブな記憶こそが人類の生存に繋がってきたのだ。

では、今の時代はどうだろう?

直接命に関わるような危機はないにもかかわらず現代人はネガティブに満たされている。

SNSが発達して友達はこんな生活をしている、自分はこれでいいのかと、すぐに他人と比べてしまう。便利な反面、SNSによる人間関係疲れも出てきた。

テレビはテレビでこれでもかというくらいにネガティブな情報を流して人を不安にさせる。人がネガティブな情報に敏感だという習性を知っているからだ。

だが、そんなネガティブな思考に支配されてはいけない。

自分自身のネガティブを吹き飛ばすために、僕はハッタリをかましてきた。頭の中はどれだけネガティブでも口に出す言葉、姿勢、表情は前を向いた言葉しか使わないのだ。


店長になった初日、店員にボイコットをされて壊滅的な状況でも、家に帰ると嫁には、

「今からおもしろくなってきそうやな。伸びしろだらけ！」

と言ってみたり、信じている相手からひどい裏切りにあったときも、

「あいつはいつかできる俺の映画の見せ場を作ろうとしているんだ」

と口に出したり、コロナで積み上げたものが崩壊しそうなときも、

「どうすれば突破できる？」

と大きな独り言を口にした。

「最悪や、終わった」

と言えば本当にそうなってしまうような気がする。

『思考は現実化する』というベストセラーがあるが、僕は言葉や表情が現実化するのだと思っている。思考はコントロールできないが、言葉や態度はコントロールできる。

コントロールできることで、自分を前に向かせていくのだ。

交渉の秘訣は相手の気持ちを知ること

時折、スタッフから人と上手に交渉するにはどうしたらいいかと尋ねられることがある。

仕事柄、僕は普通の人より交渉ごとが多いかもしれない。それでも僕はそれを交渉とは思わない。交渉というよりはコミュニケーションだ。

コミュニケーションの延長にお願いごとをするのが「交渉」なので、まずはコミュニケーションを上手く取るということが大事なのだ。

人と話をするとき、相手を見ずに自分がどうだこうだと言ってしまう人が多いが、コミュニケーションを上手に取るなら、とことん相手側の立場になりきって考える必要がある。相手はどういう人なのか？　相手はどう思うか？　どうしてほしいと思っているか？

自分がどうしたいかはその先にあることだ。

相手がしてほしいと思っていること、言ってほしいと思っていることを叶えてあげることが出来れば、その先にある自分のお願いごとも通りやすくなるはずだ。

僕のこの考え方の正しさを実証してくれた人がいる。

とある大きなポーカーの大会で優勝した18歳の女の子だ。

大会中、彼女は一度も自分のハンド（手札）を見ずに勝負し、勝ち続けたのだ。

ポーカーは相手の心理を読む勝負。相手の「降りてほしい」という気持ちや、「ここはもっと賭けたい」などの気持ちを読めれば、勝てるゲームだ。

彼女はそのことを証明するために、大会中一切自分のハンドを見なかったのだ。

それを知って、これこそが僕の思う交渉術だと思った。

人の欲求を理解せよ

同業の経営者が集まる会合でこんなことを言って若者をけなしている人たちがいた。

「今の若い奴らってぜんぜんギラギラしてへんよな。あいつら、何が楽しいねん」

それを聞きながら、僕は心の中で笑っていた。

「そんなことを言ってるから、おまえらのところは人が少ないんだよ」と。

ピラミッドの建設をしていた古代の人も「最近の若者は」と落書きを残したように、人は年を取ると自分の理解できない若者たちを見下そうとする。僕の周りで言えば、30代前半で、もうそんなことを言い始めるのだ。

キャバクラで働く女の子は基本的に20代前半だ。その世代の若者が何を求めているかを理解しないで、求人が集まらないと嘆いているのだから目も当てられない。

朝キャバ時代、僕が師匠から何度も言われていたことがある。

「相手がわかる言葉で話せ。お前がこうだと思っても伝わらなければ意味がない」

そのためには、相手に同族だと思わせて、何を求めているのかを考えなければいけない。相手が「チョリーッス」とあいさつしてきたら自分も「チョリーッス」と返して会話に入るくらいでちょうどいいのだ。実際、師匠は若者にアッシュブラウンが流行ったら、自分もアッシュブラウンにするような人だった。若い人の多い職場だから若い人に合わせ、そのニーズを探っていたのだ。

少し前、Z世代と言われる最近の若者は求人誌を見ないらしいということを知った。彼らが求人で一番見るのはTikTokなのだという。それには20代後半の社員も驚いていた。

スナキャバの採用ターゲットは20代前半だ。その人たちが見ている情報に自分たちの情報が届けられていないのでは採用など出来るはずがない。車で逃げる人を馬車では捕まえられない。うちの会社はすぐにTikTokでの求人を採用した。

店で働く女の子たちの考えも変わってきた。

少し前までは何百万も稼いでブランドものを持ちたいという子が多かったが、最近の子は誰とも競い合わずに、みんなと同じくらいの範囲で稼げればいいと思っている子が多い。

そこで僕は、給与体系を彼女たちのモチベーションに合わせる形に変更した。時代が変われば働き方だって変わるのだ。

ターゲットのニーズに合わせていかないと商売は出来ない。

ざるに水を流すな

店舗ビジネスの多くは集客か求人のどちらかで悩んでいる。

集客でも求人でも、僕のところに相談にくる人の中には蛇口をひねることばかりを考えて、受け皿のことをしっかりと考えていない人が時折いる。ざるに水を流している状態なのだ。

集客や求人のために、もっと広告を打つべきかというのだ。

そんなとき、僕は求人なら定着率、集客ならリピート率を尋ねる。


仮に10人面接したとして、何人くらいが残るのか？

これが1人とか2人とかという数字なら、求人の方法に問題があるのではない。定着率に問題があるのだから、どんな広告を打とうと人は集まらない。

そんなときは、自分たちが求める層を明確にして、その人たちが喜ぶ働き方は何かを考える必要がある。

たとえば僕の店の求人は女子学生がターゲットになっている。

彼女たちが学校から直接店に来られるように、店のオープンを19時にし、手ぶらでも通えるように、店には一通りの身だしなみを整える道具を置いている。学生はこれをすごく喜ぶ。

だから、学生が働きはじめたらなかなか辞めない。

逆に、採用の問い合わせや新規の客が少ないのであれば、蛇口である広告を疑う必要がある。

本当はセットで考えなくてはいけないものなのに、蛇口をひねることばかりを考えて、新規採用、新規集客と新しい人ばかりを狙うのだ。

もし50％の定着率、リピート率があったら、広告を打とうなどとは思わないはずだ。

負けは勝ちまでのプロセスに過ぎない

僕はこれまで、いくつもの挑戦をしてきた。

時には身の丈に合わない挑戦もあった。

なぜ、これだけの挑戦をするのか？

リスクがわからないほどバカじゃないし、挑戦するときはワクワクよりも緊張の方が大きい。

それでも思い切って一歩を踏み出すことが出来るのは大きな意味で負けという概念がないからだろう。負けは勝ちまでのプロセスに過ぎないからだ。

勝つためにどれだけ必死になっても、負けることはある。だからといって、バットを振らなければヒットは打てない。勝つことだけをイメージするのではなく小さく負けることもあることを最初から受け入れなければなにも挑戦できないのだ。

サーカスの象は子どもの頃に足を鎖で繋がれる。動こうとしても鎖が重くて動けない。

すると大人になって鎖なんか動かせる力を手に入れても象は動かない。鎖は重くて動かないとすり込まれているからだ。自分の成長を邪魔するのは小さな負けを引きずる自分だ。

挑戦を続けなければ、本当は乗り越えられるものにも気付くことは出来ないのだから、何度でも負ければいい。


人の目が気になる？

失敗を笑われる？

大丈夫。

あなたが思うほど、人はあなたに興味はないし、あなたが失敗したことなんか3ヶ月もすれば誰も覚えていない。

大いに失敗して、負ければいい。その先にある勝ちを手にするために。

僕が避けたいと思う人

経営をしているといろんな人に出会う。

そんな中には、僕に刺激を与えてくれてプラス面に向かわせてくれる人もいるが、残念ながら中にはマイナスな影響を与えてくる人もいる。

友達でも一緒に働くスタッフでも、僕はある特徴のある人だけは遠ざけてきた。

その特徴とは『他責思考』だ。

自分に起きていることは自分のしてきた行動の結果なのに、環境のせいや他人のせいにして自分をかばいながら生きている人たちだ。

10代で親の愚痴を言って、20代で上司の愚痴を言って、30代で会社の愚痴を言って、40代で国の愚痴を言う――。

一生自分を変えようとする努力もせず、ただ嘆き、ただ怒る人たちだ。こういう人たちは義務を果たさず権利だけを主張する。

自分が経営者なら、特に近寄ってはいけない人物だ。社内にネガティブな空気を作り出し、伝染させて群れを作る。単純な問題はややこしくして、小さな問題を大きくしてしまう。経営者や上司のエネルギーを吸い取り、疲弊させてしまう、まさにガン細胞だ。

採用面接の際には、欲しい人材ばかりを見るのではなく、こういった人間を弾けるかどうかも重要な仕事になってくる。

「もしかしたら、自分もそういう人間かも」と思った人もいるかもしれない。

だが、安心してほしい。

他責思考の人たちには、自分が変わろうとする思いはミジンもないので、本書のような本を手にすることはないからだ。

もしあなたの周りに、他責思考で自分に起こるすべてのことを他人の責任にしているような人がいたら、あまり近づくことはせず、今後の自分の人生の反面教師としてほしい。

織田 幸寿（おりた ゆきとし）

GIRAFFE RESORT 代表取締役
KUJIRA GROUP 代表取締役
1991年生まれ。京都府宇治市出身。高校卒業と同時に夜の世界へ。ホストとして社会人デビューするも半年で挫折。このときの経験を活かして18歳でミナミのキャバクラに勤め、19歳で店長になる。
その後も順調に出世し21歳でエリアマネージャーとなり、担当店の店舗数・売上ともに右肩上がりに成長させる。27歳で独立し、兵庫県西宮に1号店を開業。当時はまだ似た店舗がなかった新業態“スナキャバ”のスタート。スナキャバは順調な売上を記録し、一気に5店舗まで拡大。2020年に世界を襲ったコロナ禍と非常事態宣言で休業の危機に遭うも、未曽有のピンチもチャンスに変え、グループの拡大に成功させる。現在（2023年1月）、スナキャバ部門（KUJIRA GROUP）は7エリア・12店舗を展開中。
2020年、29歳で関西最大級のクラブ（現GIRAFFE RESORT）を買収し、業界史上最年少の社長となり業績をV字回復させる。今後、スナキャバ事業はFC展開を行って日本全国に100店舗体制を、クラブ事業は日本からアジアを目指して展開を計画中。

- **ORITAJAPAN公式YouTube**
  https://www.youtube.com/@oritajapan9785

弱者の勝ち方

2023年2月1日　初版第1刷発行

著者　織田幸寿　©Y.Orita 2023
発行　合同会社 オールズバーグ
〒156-0051 東京都世田谷区宮坂2-26-24
https://allsburg.co.jp/
発売　株式会社 扶桑社
〒105-8070 東京都港区芝浦1-1-1 浜松町ビルディング
電話 03-6368-8891（郵便室）
www.fusosha.co.jp

印刷・製本　中央精版印刷 株式会社

ISBN978-4-594-09414-0　C0095　Printed in Japan